IL LIBRO DELLE EMOZIONI

情 绪 之 书

［意］翁贝托·加林伯蒂（Umberto Galimberti） 著　　李欣怡 译

北京联合出版公司
Beijing United Publishing Co.,Ltd.

在的里雅斯特，

地平线远处，海天交汇的地方，

塔季扬娜曾在此生长，

这本书原应献给她，

但她已去往天堂。

因此，仅以此书献给卡佳，

我们的女儿，她同样在这片土地上长大，

以及她和耶斯帕的孩子们。

中文版序

鲁格·肇嘉(Luigi Zoja)是一位我很敬重的精神分析学家,曾经多次到访中国。他曾告诉我,在汉语里,"中国"念作"Zhōngguó",意思是"位于中央的国度",或是"居于中间的国家"。当我们这样去理解的时候,这个词语就不再是几个相互割裂的音素,反而蕴含了一股神圣的力量。

这个故事使我不禁开始思考中国人与西方人的不同:西方人的思维模式偏好抽象的概念,这种传统古已有之,自柏拉图时代便是如此;而中国人的思考方式则以图像为核心,就像中文的表意文字——它们并不是一些抽象概念,而是关乎具体的事物。就像"安"这个字(在飞机上系安全带的时候总会看到),使用"宀"(房屋)和"女"(女子)两个象形字,将两个令人感觉"安全、安定"的形象联系在一起,从而组成一幅使人内心感到安宁的图景。

其实,人类的"心灵"也是通过图像来思考的,就像在梦中一样(这点西方人的心灵也不例外),而不是像"心智"那样,依靠抽象的概念来理解事物。图像能够勾勒出许多无形的东西,譬如某种情愫、情绪,某种身体上的感受,或是某种尚未显现出的本能冲动。它并不依赖人类理性的机制,反而与情绪紧密相关,这使得我们可以从情绪出发,突破逻辑的框架,创造性地找出解决问题的办法。这样看来,中国人使用的汉字恰恰能将你们与具体的事物时时联系在一起,从而促进想象力的发挥,而我们西方文字中的抽象概念则成了一道障碍,阻挡着我们与现实世界进行更加直接、即时的接触。中国的文字与天地万物有着更加深刻的联系,有了汉字这种能"复现图像"的文字作支撑,比起依赖理性思考的西方人,中国人的情绪机制应当会使人更容易、更迅速地适应周遭的环境。

当然,情绪也并不仅仅是被动的"激情",还可以是主动的"行为"——甚至是"有组织的行为",

以避免不利情况的发生。比方说"战斗"和"逃跑",都是在危险的情况下适应环境的举动,当战斗胜利或逃跑成功时,人们感受到的情绪相对平淡,反之,如果在这个过程中遇到挫折,那么"愤怒"或"恐惧"的情绪则会变得更加强烈。由此我们可以推断出,情绪反应的过程不会止步于我们当下的感受,而是会继续发展,形成一系列有组织的行为。这些行为并非杂乱无章,它们由各自的动机驱使,而这些动机则与我们对当下环境的感知息息相关。

至于情绪与认知过程之间的关系,我们可以这么说:情绪的反应不仅仅与认知活动有关,还服务于生物性的需要。认知能力之所以在不断进化,其目的就是为了让机体能够全面地掌握周遭环境的信息,通过分析周围事件发生的情绪或动机内涵来预测未来。从这个角度来看,认知过程实际上就是在情绪体验的基础上发展起来的,而情绪体验则是机体为了满足其生物性需求而适应环境的最初形式。

自亚里士多德时代开始,整个西方文化对于个体的要求都关乎同一个课题,那便是"运用自身的智识来控制我们的情绪生活"。其实,情绪本身就是富于智慧的,它不仅指引着人类生存至今,甚至直到今天还在影响着我们的思维、动机和价值观。当然,情绪有时也难免失控,给我们的个人生活和人际关系带来灾难性的后果。比方说"愤怒"这种情绪,亚里士多德曾在《尼各马可伦理学》中写道:"任何人都会发怒——这很容易。但是,若要发怒的对象、发怒的程度、发怒的时间、发怒的目的以及发怒的方式都恰到好处,那就不容易了。"由此可见,问题不在于"愤怒"这种情绪状态本身,而在于如何用智慧恰当地、克制地表达这种情绪。

衷心感谢出版社出版本书的中译本,相信在情绪的体验上,中国人与西方人彼此间是相通的。

2025 年 4 月 21 日,米兰

目录

第二部分

现象学模型：情绪和肉体与世界的关系

第三部分

当今的情绪生活

第四部分

关注数字原住民的未来

第五部分

学校的数字化以及情绪和情感的教育

附录

引言
一片鲜为人知的领域

人们往往将情绪视为一种无序的混沌状态，但实际上，情绪自身具有其独特的意义，如果不对其加以了解，便无法真正地把握情绪本身。

——让-保罗·萨特，《情绪理论纲要》（1939）

为什么要写一本关于情绪的书呢？现如今，情绪在各个领域都备受人们关注，常被人无条件地赞美、称颂。但在过去，它却一度因为可能带来的风险和危害而饱受质疑。实际上，直到今天，情绪对我们来说仍然是一片几乎未知的领域。倒不是因为近几十年对它的研究不够深入,而是因为情绪植根于我们大脑最古老的部分,能够左右我们的心灵与情感、我们的生活经历与社会关系,以至于我们的心理结构——而在过去的文化规训中,人们往往被要求遏制甚至压抑情绪。

因此,为了探索这片仍然几乎全新的领域(关于这一点,我还是要再强调一下,所谓"全新的领域"并不是因为我们缺乏相关的深入研究,而是因为情绪世界的本质涉及从神经生物学到心理学、从教育学到社会学直至逻辑思维的构建,而这种理性的思维模式又会因为诞生的文化土壤不同而呈现出多样化的形态),我们首先应当明确在描述和分析情绪世界时所依据的理论模型。

作为笔者,我有很多重社会身份:我既是神经学家、心理学家,也是社会学家、神经科学家、信息学家,同时还是一名商人。但仅仅以这些身份来讨论情绪是远远不够的,因为所有这些学科向上追溯,都来源于特定的哲学观念。如果不从哲学层面上揭示这一点,只拘泥于各个学科内部,是无法把情绪说明白、说全面的。

因此,在本书的第一部分,我将从第一个根源性的哲学理论谈起——这个理论源起于两千多年前的柏拉图,至今仍然活跃在人们的视野中。它将人视为灵魂和肉体两部分,将情绪划归为肉体的一部分,有时与灵魂相冲突,有时又和谐一致。这个哲学理论蕴含着朴素的科学视角,到了今天,我们在科学上会用"肉体"一词来指代"有机体",而"灵魂"一词由于宗教色彩过于浓重,则改用"心灵"一词来表示。

后来,柏拉图的理论被笛卡尔进一步发展,形成了一种新的模型,在 20 世纪上半叶的现代科学思维中达到巅峰,这个理论就是现象学模型(modello fenomenologico),我们会在第二部分中对它进行探讨。之所以称其为"现象学模型",是因为它描述的是人们所看到的现象,而不是科学假设所呈现的效果。这个模型源自哲学领域,将人视为"肉体",而并非有机体;与"世界"互动,而非与灵魂互动。与柏拉图的模型相比,两者的区别就像在地图上看到的风景(柏拉图模型)和亲眼所见的风景(现象学模型),能够激发出人们全然不同的感受。

在介绍完这两个模型之后,本书的第三部分

将会讨论当今时代下的情绪何去何从。在当下，随着技术理性的不断发展，人们对于情绪的态度是矛盾的：一方面，出于对理性的追求，人们希望消除情绪给人带来的干扰和影响；而另一方面，反对的声音则将前者的理念视为一种情绪的退化，在他们看来，情绪才是生活的唯一法则。

此外，我们还会提到为了博得关注、提高知名度而公开展示情感经历的行为，这种自我暴露常被公众误解为"真诚"。我们还将谈到情绪的商品化，情绪不仅被当作商品贩卖，还用来引导消费者的选择。政治上，民粹主义思想的宣传也未能免于对公众情绪的利用，更不用说当下越来越被普遍认同的"幸福模型"——人们将幸福和情绪健康、和摆脱各种痛苦的能力画上等号，还为此创造了一个毫无意义的时髦新词："修复力"（resilienza）。

这些概念通过精妙的包装误导了我们，让我们以为借由情绪，能够开辟出一处真实地自我表达的空间。直到后来我们才发现，这个空间并不属于自己，它早已被世俗的成功和市场的需求蚕食殆尽。

本书的第四部分则会重点关注数字原住民的未来。作为诞生于电子信息时代的全新一代,他们还没有意识到互联网并非他们随意使用的"工具",而是他们沉浸其中的"世界"(这与"工具"的性质相去甚远)。这个世界将在不知不觉间将他们编码重塑,改变他们的思维和感知方式,形成一种"去现实化"(de-realizzazione)的效果,模糊现实与虚拟之间的边界。对于数字原住民而言,相互交流的平台都是虚拟的,在现实生活中并不存在,这会导致一种"去社会化"(de-socializzazione)的结果,即依赖互联网生活、工作和交流而产生的群体性孤独感。在日益纷繁复杂的当下社会,许多必要的社交技能是无法从网络上获得的。

最后,本书的第五部分将会探讨学校的信息数字化对孩子们的情绪和情感教育的影响,这一教育起点源自信息时代带来的视觉人(homo videns)逐渐取代智人(homo sapiens)的人类学转变。

受到主客观各种因素的影响,当今学校往往只局限于"教学",而达不到"教育"的高度。如果不去完成这一转变,学校就不会关注每个学生独有的天赋和特长,更不会意识到如果缺乏适当的情绪和情感教育,智能的开发和培养就无法进行。

这里所指的"教育",是指从人类本能的"冲动"出发,向"情绪"的引导过程。通过这个过程,孩子们能够逐渐习得"情感共鸣",在面对事件时不假思索地"感知"到孰是孰非、孰重孰轻。

这种教育的历程以情绪到"情感"的转变为终点。情感不是自然生发的,它与文化紧密相关。情感是可以被学习的,而文学正是情感词汇的宝库。在文学中,我们懂得了什么是快乐、悲伤、热情、无聊、悲剧、希望、幻想、忧郁、激动……在文学的熏陶之下,孩子们可以在心中绘出一张地图,在面对痛苦时,可以依据其找出应对之道。即使找不到解脱的出路,至少可以帮助他们分担痛苦。

这就是为什么我们将所有对未成年学生开设的学校(无论是技术学校、古典高中还是科学高中)都称作"培养式学校"(scuole di formazione)。它们的任务就是育人,是"培养"学生。其他的技能都可以在之后获得,但一个没有经过培养的人,不能成为一个真正的"人"。一个缺乏理解能力和是非观的学生,即便具备专业技能,也无法胜任未来选择的职业。

为实现培养学生的教育历程，以下两个条件不可或缺。

1. 客观条件：学校每个班级的人数约十二人左右，最多十五人，如果人数过多，则会难以针对每个学生的特点因材施教，更无法了解影响每个学生的不同的情绪历程。

2. 主观条件：由于青春期阶段的孩子们不确定因素较多，面对学生，教师除了具备充足的青少年心理学知识，还需要拥有"同理心"的美德。这种品质是与生俱来的，无法后天学习。缺乏同理心的人为了自身和学生的利益考虑，不适宜从事教学活动。处于青春期的学生往往会将许多问题藏在心中，如果没有足够的同理心，就更加难以处理好学校与学生各方之间的关系。

第一部分

柏拉图模型：

情绪与心身二元论

要探求任何事物的真相，我们得甩掉肉体，全靠灵魂用心去观看。……我们声称热爱的智慧，在我们活着的时候是得不到的，要等死了才可能得到。……这样呢，我们脱离了肉体的愚昧，自身是纯洁的了，就能和纯洁的东西在一起，体会一切纯洁的东西——也许，这就是求得真实了。

——柏拉图，《斐多篇》，17—18 页

基于前面的沉思，我有把握断言我的本质就在于我是一个在思维的东西，除此之外没有必然构成我之本质的东西，那么虽然我确实与肉体紧密地结合在一起，但我清楚地看到——我只是一个在思维的东西而没有广延，而另一方面，我对于肉体有一个分明的观念，即它只是一个有广延的东西而不能思维，所以肯定的是：这个我，也就是说我的灵魂，也就是我之所以为我的这个东西，是完全、真正跟我的肉体有分别的，灵魂可以没有肉体而存在。

——勒内·笛卡尔，《第一哲学沉思集》（1641），第六沉思

1

心智与心灵

我们用心智去思考,用心灵去爱与恨。这是人类的自然状态,即使试图用心智控制激情,我们最终也会被无法自抑的激情所诱惑。

柏拉图在"灵魂马车"的神话中描述了这种状态[1]。在故事中,御车人驾驶着一辆由一匹白马和一匹黑马拉的飞马战车驶向天空。御车人代表理性,白马代表易怒的灵魂,而黑马则代表欲望的灵魂。实际上,每个人都同时拥有这三种灵魂。如果理性的灵魂占据上风,就可以制约易怒的情绪,将其转化为勇气,也可以控制欲望,使其保持节制。

然而,有时黑马会误入歧途,连带着整个战车和驾车者一同坠落。在柏拉图看来,当我们让感官而不是理性来引导我们时,战车就会失去平衡,从而偏离原有的目标:天堂。在天堂里,有着一切事物的规范与标准——理型,没有它们,我们的认知和生活就会分崩离析。

在心智与心灵之间,柏拉图告诫我们要优先考虑理性的心智来控制心灵的激情。但我们或许也不应忘记,心灵的存在有其自身的道理。实际上,在心智出现之前,我们的祖先像许多动物一样,一直在通过心灵的感知来理解世界,无须思考,就能快速判定出什么是有利的、什么是危险的。心灵的感知对行为的驱动往往比理性迅速得多,这个世界并不美好简单,面对危机四伏的环境,需要即时做出决策,以保证生命安全。

如果追本溯源,我们就会发现,如果人类没有受到情绪的引导,可能早就已经灭绝了。为了生存,原始人类在寻找食物的同时,还要防止自己成为其他生物的盘中餐。除了捕猎的欲望之外,如果没有恐惧的情绪,他们如何在寻找猎物的同时,避免自己成为其他动物的猎物呢?

显然,在原始世界,心灵的决策是由情绪推动的,如面对危险时心灵感受到的恐惧,或者为了物种延续而产生的交配欲望。所有这些决策都不需要经过思考,因为"理性的光辉"在当时尚未诞生。

为了生存,无论是在逃离险境还是在捕捉猎物的过程中,从感知引发情绪,再从情绪推动行为的过程都必须极快、极短,要在一瞬间内做出反应。事实上,这种心灵的运作模式甚至允许他们在同一时刻感知到事物的整体情况。在进化的历程中,当我们的祖先还没有理性心智的时候,依靠情绪驱动的直觉判断是性命攸关的。如果面对危险他们没有立即行动,人类可能早已不复存在了。正如丹尼尔·戈尔曼所说:"在漫长的进化过程中,是情绪在明智地引导着我们。"[2]

如果说"个体发生学"(ontogenesi)是"种系发生学"(filogenesi)的一种凝练的概括,那么将"个人的成长"与"人类物种的进化"放在一起比较,我们便会发现,尚无理性的襁褓婴儿就如同我们早期的祖先,无法独立自卫,基于情绪来感知世界。在感到不适或危险时,他们会大声哭喊,在基本需求得到满足之后则会安静下来。

随着理性的出现,心灵的情绪不仅没有消失,有时反而会更加激烈，甚至情绪之间也会爆发冲突。这类冲突往往在青春期达到顶峰，此时，青少年心中的情绪依旧十分强烈，而控制这些情绪的理性一面则还没有发展完善。

因此，对于介于孩童与成年人之间的青少年来说，情绪和情感对他们生活的引导作用往往会超过理性的规训。

除此之外，由于青春期时激荡的情绪往往根植于刚刚结束的童年，因此，识别这些情绪的起源有助于帮助青少年认识到哪些情绪可以依赖，哪些不行，从而在充满不确定性的成长过程中减小困扰和挫折。

当然，青春期也是生活方式尚未定型的时代：一切行为止于动作本身，制订的计划可能在梦中消散，白日的激情到了夜晚就消失不见，身体在满足与不满足之间终日摇摆，挑战榜样和权威来彰显自尊，不断地反叛再反叛，想要将新的秩序建立起来。

青春期还是模糊不定的性觉醒时期。在这段旅程中，成长的心灵不知该依赖一路相伴的理想，还是去追逐尚未明晰的激情。恶毒的目光不知该投向自己,还是用来审视他人。在午夜,在梦超越现实的一个又一个夜晚,这种令人迷乱的欢愉中还会飞快地闪过一片死亡的阴影。日记本容纳不下如此沉重的忧伤,情绪和情感空前地浓烈,已经没有言语可以表达。就这样,人们跌跌撞撞地踏上未知的路,向着未知的目标一路前行。[3]

2

什么是情绪？

情绪是一种强烈的情感反应，发作时间较快，持续时间较短，往往由环境刺激（如危险）或心理刺激（如记忆）所引发。"情绪"一词的词源"ex-movere"表明它是一种动态的力量，让我们在理性介入之前，在世界上追求快乐、避免痛苦，从而维持物种的生存。从这个意义上讲，正是情绪引导了进化的过程，直到在高级哺乳动物中进化出了大脑新皮层——理性心智就在大脑新皮层中诞生。

这个定义阐明了我们与动物世界的亲缘关系。我们与动物都拥有大脑中最原始的部分，即包围脊髓头端的脑干，为了方便，我们可以称其为

"古脑"。这个原始结构主要负责调节生物体基本的植物性功能,如呼吸和其他器官的新陈代谢等。作为调节中心,它除了维持生物体的正常运作,还要对外界做出适当的反应,以确保生物体正常生存。

与此同时,情绪中心恰恰也来源于脑干这个结构,这就是为什么当我们情感极为强烈时会出现"生理反应",这些反应能够影响人体的植物性功能,如血液循环、呼吸、出汗、肌肉紧张,甚至出现视听障碍等感官功能失调的症状;"内脏反应"表现为暂时脱离植物神经系统的控制,无法从情绪状态中抽离;"表情反应"包括面部表情、身体姿态和习惯性的交流形式;"心理反应"则表现为自我控制的减少、行为和思考的逻辑性变差以及批判能力的下降。

关于情绪的本质,有两种相互对立的理论:来自查尔斯·达尔文的"先天论"(innatistica)认为[4],情绪的表现是进化过程中一些功能性反应的残余(如"嘲笑"可能是原先动物在预备攻击时的龇牙反应的残余);另一方面,"反先天论"(anti-innatistica)则认为,许多情绪在不同文化中具有不同的意义,即使对于同一个个体而言,不同时间的情绪所含意义也会有所不同,因此,无法在情境与情绪之间建立一一对应的关系。更好的解读或许是将情绪视为个体变量,用来感知特定的情境是否"危险"或"引发欲望"(抑或是完全中性,不引发任何情绪的产生)。

虽然学界关于情绪是先天还是后天产生的问题分歧颇多,但对其结构的理解却达成了相对统一的共识,即情绪包含的三大阶段:感知(percezione)、反馈(commento)和吸收(ammortizzamento)。

第一阶段与诱发情绪的刺激有关,可能是人们对某个情境的感知,或是这个情境引发的记忆,导致人们在生理上所有的组织层面发生"震荡",无法在"受到刺激"与"做出反应"之间建立起相应的关系。这个阶段既可以是瞬间的,也可以延迟发生(这种情况下,情绪的反应将会更强烈,而且会持续更长的时间)。无论如何,所有感知都会伴有情绪色彩。

第二阶段的特征则是对个体平常依赖的组织模式的"剥夺",并且展现出一种实现全新可能性的"潜力"。这种剥夺与潜力之间相差越大，情绪的影响就越持久，破坏性也越强。

第三阶段的特征是启动了重建组织反应模式的内稳态机制，产生出一种"轻松的状态"。不过，不同于回到紧张前的原始自然状态，这一阶段将通过释放上一阶段的潜力而获得系统性的回报。

此外，还需要区分情绪发作（emozione in atto）和情绪倾向（disposizione emotiva）。情绪发作指的是在愉快或糟糕的事件发生时，人们偶发的喜悦、激动或愤怒的情绪。而情绪倾向则是指某些人倾向于被激发出某种特定情绪。两者并不完全一致，譬如一个人可能在某一时刻表现出愤怒，但并非易怒之人；同样地，一个易怒的人也不会永远在生气，但其易怒的倾向性使其在特定的事件中每次都表现出愤怒的情绪。

情绪倾向囊括了我们所有的偏见和刻板印象，如厌女症或种族主义等等。在这种情况下，极其轻微的刺激（如遇到一位女性或有色人种人士）就足以引发情绪的发作，而没有这些偏见的人不会产生这种反应。此外，情绪发作是突发、强烈且短暂的，而情绪倾向（如爱慕、鄙夷等）相较之下则没有那么强烈，也不那么突然，但却可能持续一生，并且在漫长的人生中，可以被任何相关的事件再度激发。

值得注意的还有情绪的"适应性"特征，即情绪能够使我们在重要情境下迅速适应环境，不浪费多余的时间进行思考。譬如在危险的情境下引发的情绪，即使我们预先毫无准备，也能够使我们在瞬间启动进攻或逃跑的行为。

当然，也有例外。还有一些和缓的、微妙的，有时连我们自己都察觉不到的情绪，会悄悄潜入我们的内心，而我们对这些情愫的力量与危险性却浑然不知。它们将在我们的心灵中不断生长，直至像蒙田所说的那样——"当危险增加时，一切都无可救药"[5]。就像爱恋的激情在初期难以察觉，却能够在不知不觉中逐渐占据人的内心，直到无法控制的地步。

借着这个例子，我们引入了激情（passione）一词，它是"情绪"的同义词，但从名称上就暗示了一种"被动"的状态。其实，情绪并非我们的选择，而是被动的经历，是发生的事件，而非采取的行动。之后我们还会看到，对于经历过的情绪，我们会受其引导,在遇到刺激时,再次以以往的方式做出反应。这些行为突显了情绪的适应性特征,如果没有感受到情绪,我们就无法对危险、对所有情绪所指向的事件做出适当的反应。

当然,我们也可以通过回忆愉快或糟糕的事件来激发情绪。然而,很明显,通过回忆事件所激发出的情绪取决于记忆中被唤醒的情绪本身。

3

情绪的解读

在不同的科学领域,基于不同的假设,解读情绪的理论也各有不同。以下是历史上一些较为重要的理论:

1. 达尔文的理论从人类进化的视角展开,以三个原则为基础:

a) 联合性习惯原则。例如,在战斗中龇牙咧嘴会衍生为表达愤怒的方式,噘起嘴唇吐痰则会成为表达厌恶的动作。

b) 表情动作的对立原则。例如,蜷缩身体是抵抗侵略的防御性动作,而张开身体则刚好相反。

c) 神经系统的直接作用原则。例如,在感到痛苦时，人们会不自觉地浑身紧绷，扭来扭去，这是本能的生理反应。如今，我们把这种强烈而广泛的生理现象称为"刺激"（attivazione），这些反应在后期会发展为"联合性习惯"的一部分。达尔文的进化论论证了一个人们所熟知的假设，即情绪中存在一些十分原始的成分，包括大脑中最古老的部分——脑干对其进行的控制[6]。

2. 威廉·詹姆斯[7]和卡尔·兰格[8]的理论强调了躯体反应在主观情绪体验中的重要性，例如"因为逃跑而害怕""因为身体对抗而愤怒"。这种解读看似矛盾，但却指出了由情绪引发躯体反应，再由躯体反馈至情绪的过程。譬如，在被追赶的时候，我们往往拔腿就跑，还没感受到自己的情绪就落荒而逃。人类对于情绪的识别往往会滞后于生理反应——这就是该理论的关键之处。

3. 约翰·杜威[9]的机能主义理论结合了达尔文和詹姆斯-兰格理论，将情绪视为一种心理机能，能够对周围环境做出评估以适应具体的情况。在适应环境的过程中，人们遇到的阻碍越严重，产生的情绪就越强烈。例如，"战斗"和"逃跑"都可

以被认为是适应环境的举动,当战斗胜利或逃跑
成功时,人们感受到的情绪相对平淡;反之,如果
在这个过程中遇到挫折,那么"愤怒"或"恐惧"的
情绪则会变得更加强烈。

皮埃尔·让内[10]也指出了这种不良的适应
过程与情绪之间的联系,他将情绪称为"失败的反
应"(reazione dello scacco),即没有很好地适应周
围环境时产生的反应。

而斯坦利·霍尔和詹姆斯·罗兰·安吉尔等
机能主义者则认为,情绪具有适应性功能,并非
"失败"的表现。在安吉尔看来,"情绪似乎仅仅与
身体有关系,并且通过遗传与我们的身体结构紧
密相连,可以在不经大脑思考的情况下保护我们
免受伤害,帮助我们获得某些优势"[11]。总之,这
些机能主义理论的共同之处在于关注情绪机能的
意义,而非对其的描述;关注情绪与环境的关系,
而非情绪与意识或神经系统的关系。

4. 行为主义理论家约翰·布罗德斯·华生
和罗莎莉·雷纳[12]将情绪解释为机体对外部刺
激的外周生理反应(risposta periferica)。基于这

一理念,华生提出了三种基本情绪:恐惧,如听到尖锐的噪声或者感到孤立无援时候的反应;愤怒,如绷带包扎太紧感觉难受的反应;爱,如被轻柔地抚摸、来回摇晃时候的反应。这三种情绪是对周遭环境刺激最原始的反应,除此之外,所有其他的情绪从这三种情绪生发,通过条件反射的过程在机体中建立起来的。

在行为主义心理学领域,对于情绪的分类并不是根据情绪本身的"意义"得出的,而是从行为适应或不适应环境的情况中推导出的。查尔斯·埃杰顿·奥斯古德[13]采用愉悦性(P)、刺激性(A)和控制性(C)三个标准,根据它们的不同组合得出各个基本情绪,如:喜悦(P＋,A＋,C中性①)、满足(P＋,A,C中性)、厌恶(P,A＋,C＋)、恐惧(P,A＋,C)、无聊(P,A,C＋)和绝望(P,A,C)。

另一方面,罗伯特·普鲁奇克[14]则根据适应的过程,将情绪分为恐惧(保护)、愤怒(破坏)、悲伤(重建)、喜悦(繁殖)、接纳(从属)、厌恶(拒绝)、

---

① neutro,指取控制一词的中性含义,而非贬义。

期待(探索)和惊讶(定向)。

卡罗尔·伊扎德[15]从这些基本的情绪中,推导出更加"复杂"的情绪,例如爱——它是喜悦和接受两种感情的混合体。以上两种模型是行为主义心理学领域中对情绪分类的典型范例,即要么识别出几个基本情绪,再由其组合产生复杂情绪;要么识别出情绪的基本属性,再将这些属性组合产生出其他情绪。当然,这两种分类方法基本上都是经验性的,并没有任何客观限制能够将一种情绪划分为基本情绪,或者将一些属性划分为情绪的基本属性。

5. 根据格式塔理论对情绪的阐释,环境会在个体眼中呈现出特定的完形①,这些完形又会产生出或好或坏的效果。库尔特·考夫卡曾经指出:"即使我们个人十分愉悦,我们面对的景观也可能表现出悲伤的情绪。一棵杨树难道不能显得傲慢吗?一棵年轻的白桦树难道不会感到害羞?

---

① "格式塔"一词源于德语"Gestalt"(复数为 Gestalten),本意为"形式",在心理学中被译作"完形",意指动态的整体。在格式塔心理学看来,思维是整体的、有意义的知觉,而非表象的简单集合,这种整体便被称为完形。本书脚注均为译者注。

而华兹华斯的一首诗,难道没有让水仙花的欢乐永垂不朽?"[16] 这些我们感知到的情绪特征不仅仅是我们内心状态投射到外部的结果,而且是从完形(格式塔)中生发而来的。根据这些完形,我们旧有的经验在感知中被组织起来——感知一种将事物赋予意义的过程,而当一种刺激激发出情绪的时候,本身就已经是赋予意义的过程了。

6. 沃尔特·布拉德福德·坎农①[17] 的稳态理论则认为,中枢神经系统在情绪机制中处于关键地位。如果受到过度刺激,比如在产生情绪的情况下,人的机体会释放出一定的势能,为后续可能做出的强烈反应提前做好准备。为了应对刺激,在能量释放的过程中,也可能产生行为失调的后果。

7. 玛格达·布隆迪奥·阿诺德[18] 和唐纳德·本杰明·林德斯勒[19] 的情绪激活理论,整合了外周论和坎农的情绪中枢理论中最精华的部

---

① 美国生理心理学家,20 世纪 30 年代末,曾先后于援华抗日医药机构、联合援华救济委员会、北平协和医学院工作,为中美学术交流、促进中国生理学的发展做出了突出贡献。

分。根据该理论，人体在受到外界刺激时，会激活大脑皮层，在产生情绪的同时唤醒下丘脑，通过外周系统表现出来。紧接着，这些外显的变化又会被感知为原始的刺激，反过来改变由大脑皮层控制的情绪态度。

8. 感知-动机理论(La teoria percettivo-motivazionale)采纳了情绪激活理论的许多观点。根据该理论，情绪不只是被动的"激情"，也是一种主动的"行为"。同时，该理论也明确指出，"行为"也是"组织"，依照整个框架，可以构建出一个包含"感知（percezione）—评估（valutazione）—情绪（emozione）—表达（espressione）"四个阶段的序列。如果中间的"情绪"一环出现了状况，就会触发一系列有组织的行为，以避免和结束这些状况。

罗伯特·利珀则将这一理论分为三个原则：

a) 不应该强调情绪的破坏性质，情绪并非孤立事件，会在人类的组织行为中不断持续。

b) 这些行为都是由动机驱使的。

c) 动机与对周遭环境的感知密切相关。[20]

9. 人类在这个世界上的存在是有"意义"

的——基于这一点,现象学心理学对情绪与动机的关系重新展开讨论。在情绪的作用下,这种意义可能会变得有些不确定,而动机则会从这种不确定的状态中找到一种确定的内核,由此再度确立目标,重新构建意义。人类感到自己无法逃离当前的处境时,就会引起情绪的不确定性。原本对世界开放的"存在"被禁锢在一个没有过去和未来的"封闭世界"中。而对动机和意义的追求打破了情绪的束缚,使"存在"延伸到情绪所封闭的时间维度中。[21]

在空间层面上,对于意义的追求突破了情绪的封锁,打开了向外探索的大门。情绪将空间集中在一个难以定位的点上,反映出外部世界的束缚,拒绝与外界建立任何关系。而"动机"则是对意义追求的外在表达形式,向外投射个体的内在需求,将内在性(interiorità)投射到环境中。在这样的两种互动中,情感带来局限,而动机或意义的追求则将这种局限转化为向外建立的关系。[22]

10. 精神分析理论认为,情绪是一种情感状态,也可以被理解为与一些观念联系在一起的能量,它们的存在会打破心理平衡,影响人的适应能力。关于这一点,海因兹·哈特曼曾写道:"从神经症心理学的角度来看,情绪性行为与理性行为的理想模式是相反的,它往往被视为原始的心理状态的残留,是一种偏离常态的现象。……然而,我们也十分清楚,这种情绪在组织和强化自我功能方面同样发挥着重要的作用。这就是弗洛伊德所说的——不要期望精神分析能够使人摆脱所有的情感。"[23]

1908 年,威廉·麦克杜格尔[24]曾对原始情绪(如恐惧、愤怒、温柔)与复杂情绪(如钦佩、嫉妒、尊敬)做出区分,但精神分析学没有采纳这一理论。根据精神分析理论,一些简单的情绪(如仇恨)可以被解释为复杂情绪(如愤怒)的结果,另一方面,一些复杂情绪(如嫉妒)在人类精神活动的早期阶段就已经出现了。

11. 在社会学理论领域,罗姆·哈瑞对情绪做出了新的划分。第一类是"自我"的情绪,包括自我肯定、自我防卫的情绪;第二类为"利他"的情绪,包括由性别、家庭产生的社会性情绪;第三类则为"高级"的情绪,这些情绪产生出的情感色彩已经超越了"你我"的范畴,涵盖了全社会和整个人类。根据这一理论,情绪与意识形态、群体信念的证实和强化、特定情绪的频率都有关系,这些特定的情绪则由社会地位、文化背景、社会组织等级(或平等结构)等多种因素决定。[25]

12. 伊格纳西奥·马特-布兰科的集合理论则认为,情绪是由刺激产生的,这种刺激从感知上来自外部,但其实来自我们的身体。"作为感知的对象,我们的身体对我们来说也是陌生的——它是陌生于我们的内在。"[26]

同时,外部刺激会受"情绪思维"驱使,这种思维与日常生活中的思维有三大不同:

a) 泛化,即认为对象似乎拥有一切可能引发某种情绪的特征。例如,如果一个人对一位女士产生爱慕,那么在这位爱慕者眼中,这位女士身上就拥有一切能够激发爱情的特质,且不仅这位女士如此,所有能引发他爱慕的女士均是如此。

b) 特征最大化,即认为对象拥有的特征达到了最强烈、最高的程度。

c) 辐射性,即具体对象的特质会辐射到其他所有类似的对象,而后者又会通过具体的对象表现出来。

因此,情绪思维不会将个体视为单独的存在,而是会通过泛化将其看作一整个集合或类别。受情绪思维左右,"危险的人"会变为"极度危险的信号",与之相关的方方面面会在脑海中接踵而至。个体与集体的同一性正是无意识思维的思考方式,因此,情绪是一种无意识思维,是"无限集合的合集"①。[27]

13. 认知理论认为,生理反应和行为反应是人类"评估输入信息"的环节之一,和我们主观上给经验赋予的意义有关,这里是没有情绪反应的。卡尔·普里布拉姆[28]认为,当人们不适应环境的时候,大脑会在做出实际行动前,预先制订出详细的行为计划。

如果行为计划无法实施,人与环境无法达到平衡状态,情绪就会随之产生。于是,情绪会引发

---

① 在数学领域中,"无限集合"即由无限个元素组成的集合。此处意指无意识思维处理数据信息的方式正如这种集合关系一样抽象庞杂。

"停止计划"的命令,让机体再次收集各种信息,重新制订新的行为计划。如果经过多次尝试,还是没法实施计划,就会出现"退行"的现象,即执行一些更加原始的计划,如逃跑、攻击等情绪行为,也就是我们通常认为的"失控"。

情绪反应不仅与认知活动相关,还服务于生物性需要,因为根据普拉特契克的说法,认知能力最初进化的目的就是"让机体能够全面掌握周围环境的信息,通过分析周围事件发生的情绪或动机内涵来预测未来"。[29]

因此,根据认知理论的假设,认知过程是在情绪体验的基础上发展起来的,而情绪体验则是机体为了满足其生物性需求而适应环境的最初形式。所以,人们对周围环境的信息掌握得越少,产生的情绪就会越强、越多,反之则越弱,两者成反比关系。

14. 生物学理论将情绪与其相关的生物系统联系起来进行分类,虽然这种分类在解释情绪内涵方面可能不像以往的理论那样深入,但相比起来更加客观。

阿尔伯特·阿克斯曾制定出一套情绪反应的生理检测标准(检测指标包括脉搏、心率、呼吸、面部温度、手部温度、皮肤电反应、眼肌电图等),在识别出具体的情绪后,他还研究了不同个体对情绪的不同反应,例如,在愤怒的情绪下,有些人表现为生气,而有些人则表现为焦虑。然而,当研究人员要求受试者描述他们感受到的基本情绪时,他们往往会描述刺激他们情绪的情境——什么让他们开心或不开心——而并没有对具体情绪进行说明,因此,这项研究也没有收获太大的进展。[30]

15. 在神经科学领域,生理学家保罗·麦克莱恩最早开展了关于情绪的研究,他提出了三元脑模型,把人脑分为三部分:"爬行脑""哺乳脑"和"人类脑"。[31]"爬行脑"包括控制情绪的"边缘系统"。[32]生物心理学家杰克·潘克塞佩[33]认为,人类的基本情绪,如恐惧、愤怒、喜悦和痛苦,都是由哺乳动物共有的一系列皮层下回路激活的,而这些回路与弗洛伊德描述的"本我"世界存在显著的对应关系。

神经科学家约瑟夫·勒杜克斯[34]指出了杏

仁核在情绪和人际关系处理过程中的关键作用，而安东尼奥·达马西奥则对于情绪在认知过程中发挥的作用进行了深入的研究。在他看来，"'情绪'通过'感受'对大脑产生影响——前者是外向的、公共的，后者则是内部的、私人的。但是，只有在自我意识出现后，个体才能了解自己的感受，这种对大脑的影响才能更加完整和持久。……为了研究这些现象，我将其视为一个连续的光谱，再将其分为三种状态：一种是'情绪状态'，可以在无意识中被触发并实现；一种是'感受状态'，可以在无意识中表现出来；以及一种'有意识的感受状态'，在这种情况下，机体对其自身的情绪和感受是自知的。……想要让感受在后续持续发挥其影响作用，就必须要有意识。情绪和感受对人的影响依赖于意识的存在，而这一点一直以来都没有得到足够的重视。在进化的历史中，情绪很可能先于意识出现，具体到每一个个体也是如此，只是我们常常没有意识到诱因的存在；而感受想要发挥出最为显著、最为持久的影响效果，就必须借助意识的舞台"[35]。

在神经生物学领域，丹尼尔·西格尔观察到，

"在受到刺激后,大脑和其他系统会进入高度警觉状态,在这种状态中,无需意识参与('注意'),就可以激活人体的认知机制。大脑会非常迅速地处理与身体状态和外界环境相关的表征。之后,我们才会进入'深入评估及唤醒'的阶段。在这个阶段中,我们会确定受到的刺激是'好'的还是'坏'的,并由此决定我们应当接近还是远离面对的事物"[36]。

西格尔明确指出,情绪可以将大脑的各种系统联系在一起,从而产生出各种心理状态。同时,情绪还可以连接不同的思维,让大脑和身体其他部分都做好行动准备。此外,西格尔还对"原始情绪"和"基本情绪"做出了区分:原始情绪关注的是机体适应环境和"评估/唤醒"过程中的脑内状态变化,而通过基本情绪(如悲伤、愤怒、恐惧、惊讶、喜悦),心智创造出了情绪的意义。

4

情绪不是非理性的现象

根据柏拉图模型,心智的推理是理性的,从心灵中生发的情绪是非理性的。但是,这一观点既没有得到所有人的认同,也没有得到全方位的验证——譬如我们之前提到的情绪的"适应能力",在不允许长时间思考的情况下(如突发的危急时刻),情绪可以带我们迅速地找到解决方案。不过,除了适应能力之外,情绪的智力属性还体现出以下几个特征。

1. 意向性。情绪总是具有意向性的,总是会针对某个特定的人或物而存在。例如,怨恨、善意、嫉妒、愤怒,这些情绪都不是无缘无故产生的,而总是指向某个人或者某一环境。情绪能够针对它们与主体的利害关系进行评估，从而有效地适应周围的情况。

2. 行动。基于在上一点中所做出的评估，在具体的情境中，情绪会推动主体有组织地展开行动。例如，如果主体感知到危险或不愉快，情绪会触发对应的行动以避免或结束这种情况。正是由于这种机制，内疚的情绪会促使人做出弥补或自我惩罚；羞愧的情绪会促使人躲藏、逃避，甚至自杀；愤怒则把目标指向给我们带来伤害的人，推动我们去伤害他们。

3. 动机。主体的行动受情绪所驱使，是一系列组织好的行为，但这些行为是否有效，则取决于背后的动机。动机与主体对情境的感知密切相关。例如，色欲会为性行为提供强有力的动机；恐惧则会推动人们远离感知到有危险的境遇；快乐会引导人们重复快乐的体验；悲伤则会驱使人们避免同样的情况再度发生。

4. 目的性。情绪从来不是一种无序的混乱状态,它是一种有组织的系统,有特定的行动目标。即使目标没有实现,情绪也会介入并接管主体。例如,当一个学生因为回答不出老师的问题而抽泣时,这种哭泣的行为并不代表失败,其目的在于逃避承认自己没准备好的事实。也就是说,如果收到的任务太难,主体无法保持高水平的行为(达到该情境要求的水平),此时,情绪会选择做出一种较低水平的行为(如哭泣),其目的就是掩盖自己能力达不到要求的事实。

5.意义。所有情绪都有其自身的意义,抛开这些意义,情绪会变得无法理解。当我们以科学研究的方式分析情绪时,虽然研究的是客观事实和事物背后的原因,但是,如果不理解情绪的意义,就无法理解我们的研究对象本身。正如让-保罗·萨特所指出的那样:"愤怒对应的生理变化与快乐对应的生理变化只是在强度上有所不同(如呼吸频率加快、肌肉张力增加、生物学变化增多、脉压增大等),但这种强度上的差异并不意味着愤怒就是一种更强烈的快乐。"[37] 原因很简单:愤怒的意义和快乐的意义是不同的。如果不理解两者意义的差别,即使我们能够识别出两种情绪的成因和表现形式,也不意味着我们真正理解"愤怒"或者"快乐"本身。

5

情绪的动机效价①

正如我们之前所说，人的生理反应和行为反应都只是人类评估外界信息的环节之一，和我们主观上给自身经历赋予的意义有关。因此，想要解读情绪，不应从这两种反应中找答案。当然，这种看法始终基于一点：我们的情绪既会驱动行为产生，也会伴随行为存在。

情绪系统与认知系统之间的联系可以追溯到柏拉图。在他的"灵魂马车"神话中，管理"易怒灵魂"和"欲望灵魂"是理性的职责。亚里士多德则

---

① 效价（valenza）是指某一物质引起生物反应的功效单位。情绪效价则指主观内在评价好（积极）或不好（消极）的情绪质量。例如，高兴、喜悦等积极情绪具有正效价，而愤怒、恐惧等消极情绪效价为负。

认为,情绪不是主动的"行动",而是一种被动的"激情"。[38] 在他看来,情绪是可以被说服、被改变的,所以它与认知系统息息相关。[39]

斯多葛学派的哲学家们也有着类似的观点。他们认为,情绪具有某种判断力,可以根据事件的"好"或"坏",以及时间上的"现在"或"将来",把情绪分为四个大类:对未来会发生的好事会"渴望";对未来会发生的坏事会"恐惧";对此刻发生的好事会"喜悦";对此刻发生的坏事则会"痛苦"。

中世纪时期,在情绪的分类中,除了以事件的性质和时间作为划分依据,人们还将非时间性的事件考虑进来,把"希望"和"绝望"也纳入情绪的范畴。

随着现代哲学的发展,人们把情绪和理性对立起来,将情绪视为所有非理性行为(如宗教行为、道德行为等)的基础——在非理性行为中,情绪的重要性高于现实。后来,康德开创性地提出了道德法则,将所有的情绪排除于理性之外,只保留了对道德法则的敬重(Achtung)。[40]

在 19 世纪末的实证主义中,情绪被视为主体对生理现象的自我意识;而在 20 世纪上半叶的现象学中,情绪(如焦虑、无聊、快乐等)则被海德格尔称为"本体论情绪"。有了这些情绪,人类面对的不再是某个具体的事物,而是面对存在的整体,并以不同的情感基调引发对存在的思考。

另一方面,萨特虽然认同现象学中对于情绪的解读,但在他看来,情绪就是当人与世界的关系被骤然解构时,人们试图重新建立关系的过程——这也证明了人类面向世界的本质。[41]

如今,对于情绪最广为接受的解读是来自认知主义的观点(见本书第一部分第 3 章),让我们简单回顾一下:认知过程由情绪体验孕育而生,并在此基础上不断发展。人类的情绪状态既会驱动行为产生,也会伴随行为存在。这些行为往往是为了自我保护、远离危险,或者实现某个特定的目标。以下几种情绪就是作为动机驱使人类做出行动的例子。

1. 恐惧。这是一种基本的防御情绪,往往产生于危险的情境中。当然,这种所谓"危险的情境"既可能是真实存在的,也可能是主观预期中的、唤醒的记忆中的,或者是幻想、臆想中的。恐惧的情绪通常会触发人类的自主神经系统,产生机体反应,为应对紧急情况做出准备。这种反应并没有特定的形式,但通常会表现为"战斗"或"逃跑"两种态度。

引发恐惧的刺激因素本身可能并不恐怖,但这种精神上的刺激必然是十分强烈且意外的,甚至可以导致人陷入瘫痪的状态。在极端情况下,恐惧可能会表现为病态的恐惧症,严重影响患者的行为。在心理分析中,恐惧症患者害怕的对象可以是封闭空间、开放空间、动物、污渍、疾病,以及任何具有高度情感价值的事物,这种恐惧可以被理解为对于精神焦虑的心理防御。

在精神分析领域,西格蒙德·弗洛伊德将"恐惧"与"精神焦虑""惊吓"区分开来:恐惧"需要一个特定的令人害怕的对象",精神焦虑"指的是一种预感到(可能是陌生的)危险并为此做准备的状态";而惊吓"描述的则是一个人面对突如其来的危险毫无准备的状态,强调其意外性"。[42]

马丁·海德格尔也讨论了恐惧与精神焦虑的区别,他的观点与弗洛伊德相似。他认为:"精神焦虑与恐惧有着本质区别。我们总是害怕一些特定的东西,因为它们在某种程度上对我们构成了威胁。……精神焦虑也是……,但它并不针对特定的某样事物。我们是因为一种不确定性而感到精神焦虑。……所有的支撑都不存在了。我们的对象从一个特定的实体消散得无影无踪,只留下让我们难以置信的'虚空'。因此,精神焦虑揭示了虚无。"[43]

2.焦虑。这个术语经常被人们与"精神焦虑"混为一谈,只有在拉丁语族的语言中才会在专业术语层面对两者进行区分①,在其他语言中则不然(如德语中形容这两个概念只有"Angst"一词,而英语中只有"Anxiety"一词)。相比之下,精神科医生更倾向于用"焦虑"一词讨论情绪的心理层面,使用"精神焦虑"一词描述伴随(显著)躯体症状的情况。此外,有些人将精神焦虑视作焦虑情绪的严重阶段,而有些人则主张将这两个术语严格区分开,认为焦虑作为一种正常的生理和心理状态,甚至在某些情况下可以帮助人们达到目标,

---

① 在本书原文意大利语中,焦虑对应术语"Ansia",精神焦虑则对应术语"Angoscia"。

而精神焦虑则是焦虑在神经症或精神病中的症状表现。以下是精神病学领域最典型的几种焦虑形式。

a)焦虑性神经症。其特征是防御机制薄弱，无法控制自身的焦虑情绪，从而持续感到烦躁不安。焦虑性神经症患者生活在一种痛苦且不稳定的状态中，他们渴求满足内心的安全感，因此十分依赖他人。如不加干预，这种神经症可能会自发缓解，也有可能演变成更加复杂的病症，如恐惧症、疑病症、抑郁症，或者出现更多的伴躯体症状。

b)预期焦虑。这种焦虑往往会在主体发出某个动作(如讲话、写作、睡觉、向他人做自我介绍、准备性行为等)前感受到。根据维克多·弗兰克尔的观点，"预期焦虑让人们恐惧的东西成为现实。用一句话来形容就是：欲望是思想之父，恐惧是疾病之母。当预期焦虑预见到疾病时，神经症往往也会随之产生"[44]。

c)游离性焦虑。当患者感到自己无法胜任某个角色或完成某项任务时，一种紧张不安的状态就会随之而来，这就是游离性焦虑的源头。在过去较为简单的社会中，人们能够轻松且高效地完成一项事务,但随着社会的不断发展变化,处理事务的难度和复杂度也在不断提升。

d)社交焦虑。在社交场合,如果患者感觉自身不太适应,就会预设他人对自己产生负面评价,从而开始羞辱性地自我贬低,如过分地自我批评、监督,以及对社交活动中的细节过分关注——患者感受到的恐惧越强烈,其自我贬低就越严厉。典型的社交恐惧情境包括在公开发表讲话、进行专业表演(如音乐家、舞者、运动员等)、参加约会或聚会、被人注视着用餐,或者与他人合作时感到自己不能胜任。

3.嫉妒。嫉妒是一种由害怕引发的情感状态:当自己所爱的人对他人流露出感情,人们会因为害怕失去爱人而产生嫉妒(无论这种害怕是否有依据)。在人类学家看来,嫉妒最初与爱情没有关系,只是一种保障生存的必要机制。在嫉妒情绪的作用下,男性将女性的身体视为私有财产,从而避免抚养别人子女的风险,而女性则利用男性的嫉妒心理为自身及后代获取食物和安全保障。

弗洛伊德将嫉妒分为两种形式,两者都兼具

爱与攻击性,所以自身也充满矛盾。

a)竞争性和正常的嫉妒:"主要包括失去爱物的痛苦、自尊心受伤的痛苦、对更加幸运的竞争对手产生的敌意,以及失恋后的自责。"[45]

b)投射性嫉妒:在关系中,部分人曾有过不忠行为或有背叛伴侣的想法,但由于这些与他们的道德良知相违背,他们选择将其压抑并投射到伴侣身上。因此,他们会极度恐惧伴侣有不忠的倾向,通过这种投射来减轻自己背叛关系的内疚感。

心理学家瓦伦蒂娜·杜尔索[46]指出,嫉妒会扭曲人的感知,使其对爱人和情敌有关的一切事物都变得异常敏感。他们眼中的"竞争对手"可能是真实的,可能是潜在的,也可能只是臆想出来的。嫉妒会让人的注意力反常地聚焦在这些事物上,并且选择性地记住一些通常被人忽视的小细节,如打电话的时间、言谈中的不一致之处,或是对衣着打扮的特别关注。此外,嫉妒还会让思维彻底扭曲,让心中的念头围绕着背叛的想法不断地旋转、徘徊,直到接近偏执狂的地步,把最无关紧要的小事当作自己嫉妒的理由和证据。

在嫉妒的驱使下，男性倾向于将他们的执念外化，直接提出问题，与情敌对峙或攻击自己的伴侣——而后者相比之下更容易受到伤害。女性则往往更倾向于内化痛苦，具体表现为抑郁、不安全感，并且常常自我指责。彼得·凡·索默斯[47]指出，上述差异更多是基于性别的权力失衡所导致的，而非两性情感体验不同。相比男性，女性及其子女通常处于更具依赖性的一方，她们在经济、职业资源等方面的弱势地位会极大地压抑她们对嫉妒情绪的反应。

4. 愤怒。愤怒，也称"恼怒"，作为动物行为在人类社会的延伸，还被称作"暴怒"。值得注意的是，愤怒需要与"仇恨"和"攻击性"区分开来——后者是构成人格不可缺少的部分，而愤怒是一种情绪-情感状态。主体在愤怒时，兴奋感不断增强，通过语言和（或）动作表达出来，并最终可能走向对外物、他人甚至自我的破坏性行为。亚里士多德曾写道："任何人都会发怒——这很容易。但是，若要使发怒的对象、发怒的程度、发怒的时间、发怒的目的以及发怒的方式都恰到好处，那就不容易了。"[48]

对于五六岁以下的孩子来说,爆发愤怒是相当常见的,这可能是对父母的要求和约束的正常反抗,也可能是一种情感勒索的手段。对于成年人而言,愤怒通常源于受挫——当人们在达到目标的过程中遇到阻碍,未能满足原本的期待,愤怒的情绪就会被激发,从而导致对阻碍实现目标的事物或人产生报复行为。

5.笑。笑是一种常见的、明确表达内心喜悦的表现,它本身就是一种令人愉快的情感,同时也促使人们主动追求这种快乐的感受。笑的背后是一种紧张的释放,身体会将这种释放转化为愉悦感,因此会不断追求这种感觉。在达尔文看来,笑具有适应性功能,它是一种自发的情绪表达方式,和哭泣一样,能够增强儿童与母亲之间的情感联结。成年之后,笑从周围环境中获得正向反馈,因而具有更多的社会意义。人们会根据情感反应的程度对笑进行不同的表达,它可能表示得意、满足,也可能表示讽刺、嘲弄或蔑视。

6.哭。哭泣能够表达欣赏音乐、美景时的感动,能够宣泄、缓解悲伤,能够共情他人的痛苦,以及通过自怜来缓解无力的愤怒。此外,哭泣还能够释放由身体痛苦、人际关系破裂以及长期投入的目标未能实现而导致的压力。

根据卡尔·雅斯贝尔斯的观点,"笑与哭是身体内部日常经历的小型灾难,从某种角度来说,如果身体的这些小爆发找不到出口,就会变得混乱失序。就像每一种表情都有其自身的象征意义,'混乱'本身也是一种象征,但笑与哭的象征意义并不明确,因为两者都是情绪的极端表达。笑与哭仅发生在人类身上,不存在于动物中,因此是绝对的人类特征"[49]。

7. 厌恶。厌恶是一种由视觉、嗅觉、触觉等多方面刺激引发的情绪,促使人远离引发厌恶的物体,从而避免恶心(敏感者甚至可能会产生呕吐反应)。人们经常将"厌恶"错误地理解为一种"负面的情绪",但实际上,它对我们发挥着重要的保护功能,帮助我们远离危险事物——尤其是有潜在危害的食物。广义而言,"厌恶"不仅指现实中的生理反应,还包括心理层面上的排斥感。当主体对通常令人愉快的事物产生厌恶的时候,这种厌恶则会演变为病态。

　　以上这些例子告诉我们,情绪既会驱动行为产生,也会伴随行为存在。从动机的维度来看,情绪的出现往往是一些重要事情正在发生的信号。

6

同理心与情绪共鸣

"同理心"在意大利语中为"empatia",来自英语中的"empathy"一词,这个词最早由爱德华·布雷福德·铁钦纳[50]于 1909 年从德语引入,德语原词为"Einfühlung",即"感受内心"的意思。实际上,同理心指的是能够设身处地理解他人、体会他人想法和情绪的能力。

在德语中,该词最早出现于浪漫主义美学,约翰·戈特弗里德·赫尔德[51]和诺瓦利斯[52]将其用于描述审美客体的内在共鸣。西奥多·利普斯[53]则尝试通过"模仿"和"投射"来解释这个概念,在他看来,当我们产生移情时,尽管我们还保持着对自己个体独立身份的意识,却会感受到自己已经"身处移情对象之中"。

　　这个概念被雅斯贝尔斯用来区分共情理解与理性理解。他认为:"在我们理解思想的内容时,如果这些内容能够按照清楚的逻辑规则从一个推导出另一个,那么我们就是以理性的方式理解这些关系(理解所对方所说的内容);然而,当我们理解的内容源于思考者的情绪、欲望或是恐惧时,我们就会真正从心理层面以共情的方式进行理解(理解说话的人本身)。"[54]

　　在马克斯·舍勒看来,同理心的基础可以追溯到一种存在状态,即存在于一个"共同世界"(Mit-welt)。他曾写道:"比起自己,人类更多地生活在他人之中;比起个体,更多地生活在集体之中。"[55]因此,构建起沟通的基本要素大部分都源自在"同情"中表现出来的原始的理解能力。相比于"同理心",舍勒更喜欢使用"同情"一词,他曾指出:"当我对 B 产生同情时,B 的情绪状态依然属于他自身,并不会迁移到我身上,也不会在我身上产生相同或相似的情绪状态。"[56]

　　或许是因为受到了舍勒的影响,乔治·赫伯特·米德也会使用"同情"一词,但米德的"同情"

指的是对他人设身处地的理解,因此需要一种接纳性的同理心。正如米德所说,这种态度能够让我们"进入他人的角色",进入他人的处境,理解当时的处境对他人的意义,从而对其表达的语言内容和非语言内容进行准确的解读。[57]

20世纪80年代之后,马丁·L.霍夫曼将同理心定义为一种"情感分享"[58]——这种分享并不意味着与他人情感的融合,而是会保持情感的差异性,而这种差异并不妨碍人们接受他人的不同意见。霍夫曼将"同理心"一词用于这种差异化的形式,并对"以自我为中心的同理心"和"对他人情感的同理心"做出区分:前者是将自己在类似情境中的体验代入到他人身上,而后者则是一种更高级的共情形式,通过理解他人的经历来体会他们的情绪。简·斯特雷耶将这种同理心称为"参与式回应的同理心"[59]。这种心理通常从六七岁开始发展,此时的儿童开始逐渐摆脱自我中心主义的倾向,尽管还不太稳定,但仍在慢慢形成站在他人角度思考的能力。

理解他人情绪的能力取决于我们对自身情绪的关注度。同理心能够促进家庭关系和谐,让父母与子女之间的联结更加紧密,也能够在职场关系中(如领导与下属、销售与顾客之间)发挥作用,在广泛的人际交往中都能产生重要影响。

要理解他人的情感,还需要关注非语言沟通①,它能让我们从说话的语调中体会到焦虑,从面部表情中识别出谎言,从动作的速度中感知到愤怒。通常来讲,女性比男性更能捕捉他人通过非语言沟通传达出的信息。

同理心从婴儿期便开始自然发展。刚出生几个月的婴儿尚未意识到自我与外界的分离,当另一个婴儿痛苦时,他们的反应就像自己也在痛苦一样。因此,看到另一个婴儿流泪时,他们自己也会哭泣。到了一岁之后,幼儿会开始意识到他人的痛苦并非自己的痛苦;但要等到两岁之后,他们才会在看到另一个小孩痛苦时安慰他,比如给他糖果或者玩具。

在这个年龄段,母亲与婴儿之间的同步性对婴儿同理心的形成非常重要,这种同步性并非是指简单模仿孩子的动作——因为模仿只能表明母

---

① 在心理学中,非语言沟通指的是"非语言途径所呈现的信息"。

亲知道孩子在做什么。为了达到真正的同步,母亲应当在孩子哭或笑的时候,用音调和表情来回应孩子,让他明白母亲不仅知道他在做什么,还知道他此时内心的感受。这样,孩子就知道自己是被理解的,而这种体验正是他们同理心发展的开始。

如果父母对孩子的快乐、哭泣、渴望抚慰等情绪没有表现出足够的同理心,孩子就会避免再去表达这些情绪;如果孩子的情绪表达总是被忽视或打压,长此以往,他们就会逐渐不去感受这些情绪。这种情况到了成年后可能会导致两种结果:要么是对负面情绪过度敏感,对周围潜在威胁的过度警觉;要么完全缺乏同理心,无法与他人共情——这些人容易实施潜在的犯罪行为而毫无罪恶感,因为他们无法感知到自己的行为会对他人造成怎样的影响。

我们称"情感共鸣"为记录内心的情绪,它一直伴随着我们的行为,告诉我们自己的行为是好的还是坏的、合适还是不合适。就像康德所说,善与恶或许不需要被明确定义,每个人天生就能感受到它们的区别(在这里他使用的德语动词是

"fühlen",即"感受")。[60]如果在童年时期没有机会发展出足够的同理心,就无法"感受到"施加暴力给他人带来的痛苦,这样的人很难区分善恶,更没法产生愧疚感,没法与他人经受的痛苦共情。

他们的内心是冷漠的,精神病学称他们为"精神病患者",由于他们对社会可能造成危害,他们还被称为"反社会者"。这样的人可能是欺负弱小同学的霸凌者,可能是那些分不清"追求女孩"和"强奸女孩"之间区别的青少年,可能是那些对街头乞丐漠不关心,甚至会在乞丐睡在长椅上时放火烧他的人。这些案例绝非耸人听闻,这些年轻人在面对别人的质问时,会不假思索地说:"我们做错了什么?""我们只是在开玩笑",又或者"这只是玩玩而已"。这些年轻人缺乏对自己行为的情感共鸣,无法意识到这些行为会对他人造成痛苦的后果,因为他们的内心中找不到这样的情绪记录。

情感共鸣的产生需要对心灵的关怀。从婴儿期开始,当新生儿吸吮母乳时,他不仅会获得奶水,也能感受到母亲的接纳、冷漠或拒绝。这种情感共鸣将会在儿童成长的早期逐步形成,此时,父母不仅要提供身体教育和智力教育,还应当提供心理教育,即情绪和情感的教育。否则,孩子就会缺乏自我调节的工具。最后,学校在培养过程中应起到关键作用。情感的本质是人与人之间的关系,因此,除了智力培养之外,学校还应关注情感智力的培养,促进人际交往能力的发展,正是这些能力,决定了我们能否适应社会生活。

同理心是利他主义的基础,因此,它是一种有利于道德行为的条件。它能够激发出人们对贫困者、被压迫者和边缘化人物的同情,从而推动人们去帮助、救济有需要的人,减轻他们的痛苦,并且在某些情况下对社会的不公感到愤慨。

我们可以由此推断,同理心会引导人们做出道德行为,例如目睹暴力事件的旁观者会挺身而出,对受害者出手相助;同理心也会影响人们的道德判断,例如保护地球,不应为了利益牺牲环境,或者应合理分配财富,援助极端贫困的人群。

7

情绪的社会效价

　　母亲与孩子之间产生的情绪同步(如果产生的话),在成年后会以社交能力的方式表现出来,使得个体能够与他人打交道,促进良好的人际互动。这种能力不仅适用于伴侣之间、师生之间,也适用于工作中同事之间以及与上级之间的互动。在这些情况下,社交互动能够营造出良好的人际氛围,减少因误会而产生的冲突。

　　当然,个体的共情能力也需要与自我控制相协调。过度的控制会导致人们无法感知自身的情感流露,相反,过度的共情则会导致情感表达过于夸张。因此,在这种情况下,自我控制是至关重要的。同样,有时候我们也难以避免地会进行虚假的情感表达,比如当我们收到一个自己不感兴趣的礼物时,却假装高兴地接受。这种轻微的虚假表达并不是为了伤害对方,而是为了保持"良好的教养"——这种反应能够表现出对赠礼者好意的尊重,同时也表达出"不想破坏互动关系"的期望。

我们的情感表达是有感染力的。讲述一段爱情故事,既可以让人感动落泪,也可以让心情愉快的听众感到悲伤。这种情绪上的"传染"可能会对互动的感受产生决定性的影响。那些富有魅力的人物,那些演员、演讲者,之所以能够深深地吸引他们的观众,是因为他们能够牵动观众的情绪。

良好的情感能力与自我控制力结合在一起,能够帮助那些领导者巧妙地组织团队以实现目标,帮助外交官成功地开展谈判,帮助治疗师、家庭顾问或工作顾问更好地分析问题、提供解决方案,帮助个人建立起可靠的婚姻关系、发展出健康的友谊和工作上良好的合作关系。

当然,当情感能力被一些人单纯视作获取社会认可的工具时,它也会产生负面的影响。为了得到所有人的喜爱,这些人不惜牺牲自己的情感需求,竭尽一切手段给别人留下好印象,但这反而导致他们的人际关系变得又少又糟糕,最终沦为满足自恋的工具。

这种症状被称为"述情障碍",在领导者中十分常见,它在大型集体的管理过程中能够带来显著的成功,但这种成功背后却暗藏着想象力的匮乏和想法的单调性。许多领导者的公共形象和个人生活之间有着巨大的差距,因此,只要能带给他们社会认可,他们就会无所顾忌地说一套、做一套。他们优秀的情感能力能够让他们充分理解别人的需求,即便内心看不起这些人,他们仍然会刻意表现出十分随和亲切的姿态,以赢得他人的喜爱和关注。

同时,也会存在"情感能力不足"的情况。与他人沟通时,个体若无法习得、解读并适时地回应非语言信号(如面部表情、肢体语言、语音语调等),就会导致不合时宜的行为反应。这种情绪上的不同步,会导致主体的情绪信息不能被准确接收,从而感到自己经常被误解,或者对周围发生的事产生不了任何影响。

在人际关系中,有一些情绪被认为是最基本的原始情绪,它们能够让主体适时做出适当的行为,确保整个个体乃至整个物种的生存。这些基本情绪有:快乐、恐惧、愤怒、悲伤和厌恶。当然,将这几种情绪分为正面情绪或负面情绪是毫无意义的,无论是正向还是负向,这些情感都在保护个体和物种的生存发展。

a) 快乐。在成年后,具有性吸引力的个体之间会相互产生快乐的感觉,这种体验能够重现个体在儿童时期对抚养者的依恋,促使个体向对方贴近。与快乐相伴的是一种广泛的愉悦感:人们在实现了某个愿望,或者对未来的预期非常好时,都会激发出这种愉悦感。当产生愉悦感的原因和个体本身的行为无关时,这种情绪往往还会伴随惊讶一起出现。

b) 恐惧和愤怒(其特征见本书第一部分第5章)。当个体感到被他人威胁时,会产生恐惧和(或)愤怒的情绪,这些情绪会重现儿童在弟弟妹妹出生时感到对母亲的依恋受到威胁的体验。当个体感到自己的领地被侵犯时,这两种情绪会引发逃跑或攻击的行为。从身体表现来看,两种情绪通常表现为皱眉、瞪眼,以及沙哑或尖厉的叫声。

c）悲伤。悲伤是一种情绪基调的改变，主体在悲伤时，会陷入一种深度的忧郁。这种情况往往发生在依恋的对象与主体分离或去世的时候。悲伤通常会伴随着认知和行动能力的下降、自尊心的降低以及自我惩罚，继而导致个体自我封闭并疏远他人。当悲伤的强度超过一定的限度，或者在不合理的情况下出现时，就要考虑它是否已经发展为抑郁症了。

d）厌恶（其特征见本书第一部分第 5 章）。厌恶情绪能够让个体拒绝并远离有害的食物。尽管厌恶通常被人们被归为负面情绪，但它实际上却对个体和物种起到了保护作用。

此外，还有一些社会情绪是由信仰和价值观体系所引发的，这些体系因文化而异，是社会学习形式的一部分。罗姆·哈瑞认为："这些情绪具有社会功能，是被人为构建、规定的，它们的存在是为了支撑各种文化信仰和价值体系。具体来说，这些情绪内部蕴含着特定的社会价值，如果个体能够感受到这些情绪，他就会自发且坚定地遵循这些情绪背后的价值观。"[61]

例如，内疚就是一种具有功能性的情绪，可以用来抑制那些社会认定的"负面行为"。而仇恨作为情绪，也可以被一个社会诱导、宣扬，从而维持其制度的运转——典型例子就是纳粹德国社会，以及那些煽动宗教仇恨或种族歧视（如反犹太主义）的社会成分。此外，在许多文化（如西方文化）的价值观中，羡慕被认为是"有用"的情绪，有助于成功地塑造伦理观。

由此可见，社会情绪是宗教、政治、道德、社会和美学实践的反映，能够保障社会秩序的持续稳定。像恐惧这样的原始情绪，最初是用来保护我们免受危险和威胁的侵害，但在社会环境中，它也可以转化为对打破习俗、违反规范、挑战价值观的恐惧。一旦这种恐惧被植入内心，就会与嫉妒、内疚、羞耻等情绪联系起来：嫉妒是对失去爱人的恐惧，内疚是对惩罚的恐惧，羞耻则是对侮辱的恐惧。

通过在人们心中植入恐惧，社会得以维护其价值体系，由此可见，情绪不仅是个体内心的感受，还源于社会对个体要求的内化。可以说，情绪不仅不会干扰认知过程，反而是自然（生物学）与文化（思想、想象和语言）之间真正的纽带。

第二部分

现象学模型：

情绪和肉体与世界的关系

在这里,有必要阐明并避免笛卡尔及其追随者所犯的具有误导性的错误。

——埃德蒙德·胡塞尔,《笛卡尔式的沉思》(1931)

灵魂与肉体的区分或许是一个清晰的概念,但却无法被证实。有一个问题始终存在:我们所谓的"肉体"和"灵魂",究竟是什么东西?

——卡尔·雅斯贝尔斯,《普通精神病理学》(1913—1959)

在具有上述性质的肉体中,我发现我的肉体具有独一无二的特性:它不仅仅是物理上的肉体(Körper),还是有生命的肉体(Leib)。

——埃德蒙德·胡塞尔,《笛卡尔式的沉思》(1931)

我们的身体在这个世界之中,就像心脏在机体中一样,身体不断地使可见的景象保持活力,内在地赋予它生命和供给它养料,与之一起成为一个系统。

——莫里斯·梅洛-庞蒂,《知觉现象学》(1945)

身体是特殊的心理对象,唯一的心理对象。

——让-保罗·萨特,《存在与虚无》(1943)

8

躯体与有机体

跟随柏拉图模型的框架,我们了解了情绪在人的心身二元观中是如何呈现的。这种二元论的观念将人划分为灵魂和肉体两部分,成为有机科学和心理学发展的参考依据。然而,想要探索情绪的核心,我们必须深入研究现象学模型。这个模型并不依赖科学的假设得出结论,而是关注情绪在生活世界中的呈现。值得注意的是,不要将"肉体"与"有机体"混淆,"肉体"对世界的态度是开放性的,而"有机体"则将躯体简化为客观存在于世界的物体,并不向外在世界开放。

科学和医学为了研究和操作,将我们的肉体简化为各个器官的集合。经过科学上的简化处理,我们鲜活的肉体变成了物件,可以像其他任何事物一样被人观察。然而,被简化为物体的肉体无法揭示我们,无法代表我们,更无法表达我们的情绪。在简化过后的有机体中,情绪仅仅是一种生理现象,而不是一种经历和体验。

科学视角忽略了肉体在生活世界的直接体验,而是关注有机体的结构、功能和器官。因此,这些结构和器官往往被看作独立的存在,甚至可以被分离开来进行研究。这最终引发了一个问题:我们研究的对象还是人的肉体吗? 还是"我"的肉体吗?

通过日常生活中丰富的经历,我认识并熟悉"我的肉体",它容纳了"我",使"我"置于这个世界中,让整个世界之于"我"而存在。而"有机体",也就是"我"从生理学书籍或解剖学图表中了解到的肉体,并不是另一种"现实",而是"现实"在另一种方式中的呈现,这就是生物科学中客观化(oggettivante)的方式。

当然,我们不该将这两种概念对立起来,然后质疑哪一个是真实的——是我所体验的肉体,还是生物学里描述的机体? 这种提问本身就是错误的,因为我们不是在讨论两种不同的"现实",而是同一"现实"两种不同的呈现方式。在前一种方式中,"我"能够体验到"我的肉体",因为"我"就是肉体本身,"我"通过它与世界产生联系;在后一种方式中,"我"看到"我的肉体",并且像观察一件物品一样去体验它,而这件物品本身与"我"的生活世界无关。

举个例子,如果一个病人去看眼睛,当他走进眼科医生的诊室时,眼睛是他与医生相遇、交流、从医生表情中捕捉其注意力的工具。然而,当病人接受眼科检查时,他的眼睛就变成了一个像物品一样的器官,而医生则像观察其他物品一样观察它。那一刻,对病人来说,眼睛不再是他存在于世的工具,而仅仅沦为一个器官。站在医生的角度也是如此:当医生接待病人时,他看到的是一个人;但当他让病人躺在检查台上时,医生会隐藏在客观的知识和方法之后,而病人则会彻底"去人格化",被视为客观的有机体。

生物学和神经学中的概念模型将肉体简化为了有机体,如此一来,想要理解"肉体体验情绪"的过程就很难了,因为有机体只是"存在"于世界中,却没有与世界产生情绪关联。此外，科学上描述的有机体没有办法复现出肉体的空间性、时间性、归属性和意向性，而这些都是我们鲜活的肉体存在于世界中的独有特征。有机体"处于"空间中，而活生生的肉体却是在"揭示"空间，将自身作为其他一切事物的参照中心。世界万物之于肉体，就像"那边"之于"这里"，"彼时"之于"此时"。

在肉体被简化为有机体之后，为了解释那些科学上无法解释的现象，人们只好引入其他的概念，如"精神""灵魂""心灵"以及"思维"。正因如此，"对于灵魂的治疗"在过去被称作"非器质性疾病（morbus sine materia）的治疗"，也就是如今的"精神病学"。如果我们不通过有机体，而是从肉体的角度出发解释心理或精神现象，就不需要依赖"灵魂""心灵"或"思维"等概念。如果实在不想舍弃"心灵"这一概念，也可以将其保留，但前提是将"心灵"理解为肉体与世界的关系，而非灵魂或思维。

有机体无法体会时间，而对于活生生的肉体而言，时间恰恰是其深层结构的一部分，让我们能够感知这个世界——这种感知不是有机体做检查时拍出的 X 光片,而是一种具有时间性的视角,是一个故事。这是关于"我的肉体与世界"的故事,因此也是关于"我"的故事,因为"我"与我的肉身"是一体的。我们只会说"我很疲惫",而不会说"我有一身疲惫的肉体",这充分说明了"我"与肉体的一体性。

这种一体性在荷马的作品中表现得尤为清晰,因为荷马的语言是具有肉体性的。对于他来说,肉体并不像柏拉图理论所教育我们的那样,它既不是情绪的象征,也不是灵魂的外在表现。对于荷马而言,肉体背后并没有任何东西。

在《奥德赛》中,珀涅罗珀"站在"被求婚者亵渎的厅堂门口,"拢着闪亮的头巾,遮掩着脸面",对着神圣的歌手"泪流满面"[62]——这些行为并不是象征着她守候丈夫的忠贞,这些行为本身就是忠贞。同样,奥德修斯将血迹斑斑的破布"环扎腰围","健美、硕壮的大腿,宽阔的肩膀,展露出胸脯和粗蛮的手臂"[63]并不象征着他的复仇力量,而是复仇的力量本身,是对于妻子忠贞的回应。

荷马的语言之所以是肉体性的,并不是因为他没有进行精神层面的探索,而是因为他既没有将肉体简化为毫无生气的,仅仅为灵魂提供居所的躯体,也没有将它视为一个纯粹的心理意义上的物质符号。正因如此,荷马可以将肉体和尸体区分开来,而柏拉图则不得不将二者视为一体,并得出结论:"对我们来说,肉体(sōma)就是坟墓(sema)。"[64]

不过,尸体与肉体不同,尸体是静态的,与世界唯一的联系就是它所占据的空间;而肉体则存在于一个又一个不同的"情境"中,包含我们在这个世界上存在的各种可能性。当奥德修斯"手握弓箭和满装着羽箭的袋壶",这双握着弓箭的"手"本身并没有任何意义;为了让我们能够从这双手中感知到愤怒,需要一个鲜活的肉体牵动这双手,促使奥德修斯"扯去身上的破衣烂衫,跳上硕大的门槛"[65]——这就是奥德修斯的肉体在此时的处境中应对的方式。

因此,只有肉体能够鲜活地处于具体的情境中,而尸体则不能。奥德修斯"握着弓箭的双手"正是他的愤怒,这种愤怒并非来自隐藏在灵魂中的某种怨恨,而是通过具体的情境中的行为展现出来。在奥德修斯最终完成复仇,将安提努斯和其他求婚者杀死之后,这些行为也实现了其自身的意义。事后,求婚者的亲人们"把尸体抬出屋外,分头埋葬了自己的亲男"[66],此时,这些求婚者与世界的唯一联系就是亲人为他们安排的葬礼。

如果说肉体与尸体的区别在于前者是主体,而后者是客体,前者与世界有主动的联系,能够反映和解释世界,而后者则像所有客观的物品一样,只是被动地存在于世界之中,那么,想要理解肉体,就不应从柏拉图式的理论出发,而应从荷马式的观念——"肉体与世界的关系"出发。在荷马的观念中,肉体是主体,而世界则是其所有可能性的集合。

这种肉体与世界的原始关系会在人们生病时打破,此时,我们的存在状态将会被彻底颠覆,而这正是疾病的本质。生病意味着我们的注意力将会从外部世界转移到我们的肉体上,也就是说,我们的肉体取代了世界,而原先的世界将会从我们的视野、我们的计划里消失,我们的肉体与自我所认知的世界会变得不再一致,肉体也会因此沦为有机体——并不是因为它要接受医生的治疗,而是因为它失去了与生活世界的联系。当肉体与自我割裂开来,剩下的只有"顺从"或"绝望"两种情绪。

在生活世界中,肉体是我们的外在形式,每一个行为都会反映出我们存在的肉体性。这个有机体、这具肉身、这张脸的特征、这些通过声音传出的词句,并不是藏在肉体内部的"自我"的表达,而是那个"自我"本身,就像我的面容不是我的外在形象,而是"我自己"本身。对于肉体而言,"存在"与"外在体现"是完全一致的,只有接受肉体与自我的一致性,才能达到身心平衡的状态。

思想离不开表达它的语言,只有通过语言,思想才能被唤醒、被塑造出来。同样,人离不开肉体,只有通过肉体,人才可以实现自身的存在。人的存在是从肉体与世界的关系展开的,如果不接受这一点,就无法理解人类的存在和世界上的种种秩序和结构。

唯灵论从"灵魂的实在"出发来理解人类,将灵魂看作一种生活在无时间维度中的实体;而世俗唯物主义则将所有的思想归结于大脑的生化反应。然而,这两种观点都失之偏颇,前者忽视了肉体的重要性——没有肉体，人类就无法存在于世界之中；后者则忽略了大脑的工作原理——大脑只能通过协调外部世界的信息来进行工作，但想要接收这些信息，必须依赖存在于外部世界的肉体。不仅如此，这副所谓的肉体并不是单纯的物理有机体，而是一副活生生的身体。肉体在外部世界不断地体验，不断地积累对世界的印象，只有依据"我们的肉体与世界互动"所得到的信息，发生的事件才会被铭刻在我们的意识中。同时，用"我们的肉体"来形容这一过程时，我们其实已经将肉体与自我的一致性融入了语言表达中，肉体被视为"绝对事件"，现实中发生的事件也被我们赋予了节奏和顺序——而这些事件之于我们的意义，正是心理学研究的对象。

9

肉体与情绪冲突

想要理解情绪对于我们的意义，就必须要"活在这个世界中"，而这意味着我们要让周围陌生的事物变得"人性化"，对它们产生一种熟悉感——这种熟悉感是我们养成日常习惯、发展自身技能的基础。不过，想要维持这种熟悉的状态（这对于"活在这个世界中"的我们来说至关重要），我们的肉体与外界事物之间必须保持适当的距离。这种距离可以避免两种极端的情况：一种是分不清自我与外界的界限，也就是原始人的"神秘参与"①[67]的现象(这种情况有时也会发生在孩子们身上,在他们的认知里,外界事物也是有生命的存在);另一种情况则是与外界疏离,从此,周遭的事物都失去了活力,世界也不再有"人性",变得越来越陌生。

所以,如果想要读一页书,或者与某个人交流,就必须与阅读的文字或交流的对象保持一个合适的距离。如果它们离我们太近或是太远,要么会过度侵占我们的感知或对话,要么会完全消失,使得感知和对话变得无法进行。因此,必须保持一种间隔和距离,让我们的肉体不受限制,让我们的存在不受侵扰。于是我们便会发现我们的存在是由肉体与世界的关系展开的,其核心蕴含着一种永恒的矛盾,那便是持续地调整我们与外物的距离。通过不断的调整,我们能够与周围的事物进行近距离交流——但也不能太近,否则将会沉溺其中。

其实,存在所揭示的世界并不是一个完全熟

---

① "神秘参与"是法国社会学家、哲学家列维-布留尔提出的一个心理学概念,用来表示主体与外界客体的一种特殊的心理联结。在这种关系中,主体无法清楚地将自身区分于客体对象,与其在身份认知层面产生紧密的联系。

悉的、纯粹的世界，人类与自然的关系并不像某些浪漫主义情调描绘的那样如田园诗一般美好。在真实的世界中，每一样事物都笼罩在一层模糊的光环下，随时可能展现出与平时截然不同的一面。就像夜晚，既是鼓励人们休息、接近、亲密相处的时刻，但同时也意味着黑暗和威胁。所以孩子们害怕夜晚的到来是十分合理的。

因此，为了去掉笼罩在事物上方的那层神秘而不安的光环，孩子们会不断寻找"合理的解释"来获取安慰。伴随孩童成长的是他们认知的转变。在长大的过程中，他们心中的"神秘"事物会逐渐变为"客观"存在，使他们的认知在短短几年间重走了整个人类历史发展的进程。当我们给一个事件命名、把它的发生归结于某个原因时，某种程度上便会驱散它的恐怖感，让它不再那么可怕。而对于事件的各种解释——知识——构成了一种保护机制，使人们能够不那么焦虑不安地走入这个世界。

当事物被客体化，并且与我们保持适当的距离时，就会产生一种熟悉感，而这种熟悉感是我们感知事物存在的必要条件。从这个意义上来说，科学知识和科学的研究方法削弱了外界事物对我们的攻击性,减少了它们的恐怖感——不过并没有完全消除。情绪的爆发恰恰证明了我们与世界的和谐关系从来都不是稳固、持久的;总有无法预料的、令人不安的事物潜伏在背后,随时准备打破我们刚刚驱散的不安;宇宙的秩序性是暂时的产物,只存在于旦夕之间,我们的宇宙永远无法斩断与混沌的联系,它受混沌滋养,靠混沌支撑。

当然,谈这些并不是为了激发出新的启蒙主义思想,而是为了提醒人们不能将科学揭示的世界秩序与世界的本质相混淆。科学仅仅是一条帮助人们认识世界的路径,是一块礁石:不能因为伏在礁石上躲过了一场风暴,就以为这块礁石拥有抵挡大海的力量。反观情绪,虽然常常被理性行为所贬低,但却能展现出肉体对突发变化的感知,由此引发的失衡反应(甚至昏厥),正是模拟人被世界击溃的状态:就在一瞬间,世界的恶意可以变得如此之大,大到简直让人无法生存。

在现象学看来,肉体对世界原始的"开放性"是我们在日常世界存在的形式,如果离开了现象学的语境,我们就没有办法理解情绪。科学试图通过研究中枢神经和外周神经系统来解读情绪，但这种做法却混淆了情绪的含义和（通过科学的方法观察到的）情绪的外在表现。

事实上，正如萨特指出的那样[68]，即使从生理变化的层面来看，笑和哭动用了同样的肌肉和神经系统，但它们的含义却截然不同。因此，情绪的意义是无法通过生理学解读的，而心理学在分析情绪的意义时，往往会忽略我们的情绪所面对的对象——这个世界。正是这个世界上的各种事物激发出了我们各式各样的情绪：或感动或兴奋，或愤怒或喜悦，或热忱或恐惧。

因此，如果情绪是一种理解世界、反馈世界的方式，那么它就不是生理上的紊乱，而是一种有组织的行为，帮助我们逃避那些无法承受的事物。当一个人回忆起刻骨铭心的、无可替代的失恋时，泪水与冲动一起涌上心头——这并不是一种表达障碍，当一个人不承认（或者不愿承认）爱情无可挽回的事实，不愿承认失恋给自己的生活带来的空虚时，这种看似混乱的行为正是在这个情况下的正常反应。

空虚是难以承受的。主体为了消解这种孤独

所带来的难以治愈的痛苦,会转向一种补偿行为,呼唤周遭能够减轻痛苦的存在。随之而来的感动和哭泣没有任何理性考量,只求对冲突的快速解决:泪水让我们再也无法谈论那些我们不想说的事情,从而避免让我们再去面对那种孤独的、难以承受的存在状态。因此,面对无法应对的困难,情绪成为一种逃避的出口,成为我们继续存在于世界的方式。

想要探索情绪的意义,就不应该像精神分析那样在潜意识里寻找它,仿佛情绪只是某些潜在原因的外在表现。否则,也会像精神分析那样,尽管重视心理事件的"意义",但仍会陷入物理学意义上的因果关系的窠臼——分析因果关系虽然可以解释事物之间的许多联系,但却无法阐释意图、感觉、意义等深层次的东西。

如果肉体不是一个"物件",也不仅仅是生理器官的容器,而是一个主动向世界敞开的"存在",那么我们就应当在这种存在中寻找情绪的意义,而不是在与其无关的某些陌生的、无法显现的东西(如潜意识)中去寻找。否则我们只会得出结论,认为情绪表达了一种完全未知的意义,连情绪体验者本人也不得而知。

如果说爱的消亡会改变我们周围的世界和我们与外界的关系，那么一旦有人让我们回想起那份失去的爱，就会把我们再度拉回那个天翻地覆的失恋时刻。前一刻我们还在修复内心破碎的世界，只需一瞬间，我们就会再一次回到当时那个仿佛失去了所有意义的世界中。此时，情绪的意义便不言而喻了：并非潜意识中的因素引发了情绪，而是因为无论我们做出了多大的努力给自己的存在方式赋予新的意义，都毫无用处。世界总是会拒绝我们，反复提醒我们置身于无法逃脱的孤独中，一切的努力都徒劳无功。

因此，我们的哭泣并不是"为了寻求安慰"，而是为了避免别人使我们再度想起过去。泪水能够让我们全身而退，以免刚刚构建起的新世界再度崩塌。我们用双手捂住脸不断后退，并不是"为了独自承受痛苦"，而是为了逃离这个失去了爱便难以为继的世界。世界在一瞬间变得无法承受，沉浸在情绪中的我们不断后撤，蜷起身体以便继续存活。

10

情绪:世界的奇妙转化

　　情绪是指向外部世界的,并且从外部世界中汲取养分。如果说,情绪是我们"存在于世界"的方式的改变,那么想要理解情绪,就必须以世界作为参考。正如萨特指出的,"恐惧的人总是害怕某些东西"[69],即使这些"东西"的轮廓十分模糊。这就像孩童对夜晚的恐惧:当他们害怕夜晚时,怕的往往是某些暗处的景象和夜里的黑影。

　　在夜间,这些暗处的景象和黑影会变得无比具有侵略性,以至于消除了我们对世界的掌控,彻底颠覆了我们在世界中的存在秩序。这种侵略极具暴力性,其剧烈程度远远超出了常规范畴,它消除了肉体与世界之间一切缓冲的区域和空间,阻止我们继续在世界上存在并栖居。

在日常生活中,我们有一系列的习惯和保护机制来确保我们的存在感。一旦这些习惯和保护突然消失,我们的存在也会暴露在光天化日之下,既没有庇护所可以躲藏,也没有给养可以补充。世界再也不是以前那番令人安心的景象,变得异常陌生,令人忐忑不安。仿佛突然之间,我们曾经耐心织就的生活线索和方向感统统失效了,取而代之的是一个异样的、奇怪的新世界。

对此,萨特将情绪描述为一种对世界的奇妙转化:"当前路过于艰难,或者当所有的道路都被堵住,我们看不到任何出路却仍然要采取行动的时候,我们就应该尝试改变世界。也就是尝试将世界当作一个不由确定的规则控制,而是由'魔法'控制的世界来体验。"[70]

面对危险,之所以我们会双腿发软、心跳变弱、脸色苍白地昏倒,是因为危险带给我们的威胁剥夺了我们采取任何行动的可能。表面上看来,这种反应让我们陷于危险的境地,任凭其摆布,仿佛是最不合理的,然而正如萨特指出的那样:"这是一种'逃避'行为。此时,昏厥反而成为一种'庇护'。……当我们无法通过正常的途径和既定的逻辑来避免危险的发生时,我们就会否认它,从而引发一种具有毁灭性的魔法般的行为。而这种行为的局限在于,我们只能通过消除自己的意识来消除危险(意识的对象)。不过无论如何,我们是想用自己的能力摆脱危险,通过这个办法,也确实在能力范围内做到了。"[71]

如果我们选择的是逃跑而不是晕倒,从情绪的角度来看,逃跑就不是一种理性的行为,它并不是在计算如何让自己与危险之间拉开最大的距离——因为如果是这样,我们的行为就不是情绪性的,而是审慎的。情绪性的逃跑是指那些无法通过晕倒来抵抗危险的人所采取的行为。对此,萨特总结道:"逃跑是对昏厥的模仿,是一种魔法般的行为,旨在否定危险的事物。就像没有经验的拳击手会闭着眼睛冲向对手,他们想要消除对手拳头的存在,拒绝感知它们,以此象征性地否认对手拳头的力量。这就是恐惧的真正含义:它是一种通过魔法般的行为来否定外部世界中某个对象的意识,甚至可能导致自我否定,并以此来否定恐惧的对象。……从情绪的角度来看,这是肉体在意识的引导下改变了自己与世界的关系，以期改变世界的性质。"[72]

　　萨特对情绪的解释虽然很有吸引力，但并不能使人完全信服，其原因在于他仍然陷入了将人分为心灵与肉体的二元论之中。在这种观点看来，肉体只是意识震颤的地方，或是意识为了采取"魔法般的行为"而驱使的工具。萨特并没有意识到，当情绪产生时，肉体并不会沦为意识的工具，而是一种直接的存在，能够开启与真实世界的联系。这种反应和喜剧演员在台上的反应是不同的。演员们在表演中模仿快乐或悲伤，但实际上并不会感到快乐或悲伤，因为其肉体的表现始终是针对虚构世界而存在的。

　　在情绪中，肉体并不是在模拟一种行为，而是在表现一种行为，因为意识需要通过某种方式"魔法般"地改变世界。在萨特的假设中，意识始终存在于情绪中，从来没有被完全抹去，外部世界的实际距离以及真实特征也从来没有被完全消除，而事实上恰恰相反，情绪是一种突然改变的状态：世界的样貌骤然改变，导致我们的生活方式也骤然改变。这种"魔法般"的改变并不是意识为了应对情绪冲突而采取的策略，而是因为世界的样貌发生改变，才导致了情绪冲突的产生。

当我们孤身一人走在一条偏僻的道路上，感觉有人在身后跟踪我们时，我们的肉体会感到一阵凉意，双腿也会变得麻木。尽管我们尽可能不动声色地加快脚步，呼吸的节奏还是会渐渐加快。这些"身体症状"并不是所谓的"魔法般的反应"，并不是通过否认这个世界来避免威胁，相反，在现实世界中，我们的肉体此时已经受到了威胁，因此这是一种"真实的反应"。在感知到跟踪者对我们"有威胁"的时候，我们的肉体已经将这个世界"魔化"了。通过这种方式，我们的肉体抹去了我们与跟踪者之间的实际距离，将潜在的意图与客观联系简化为模糊的背景，只有恐惧在这个世界中占据主导地位。

这种"魔法般"的改变并不是在解决情绪问题，而是在创造情绪。由它创造的世界与梦中类似，在这个世界里，门没法起到保护作用，想迈开腿奔跑却无法前移，防御的武器统统失效——因为所有这些物体都不是按照其实际情况被感知的，而是从已然被精神焦虑影响的世界中感知的。

因此,对于肉体来说,有两种存在于世界中的方式:在第一种情况中,世界是一系列工具的集合,供肉体满足某个特定的目的;在第二种情况中,世界则会被"魔化"为一个无法使用(因此也无法居住)的整体。后一种情况就是情绪的呈现方式,它不仅仅是发生在有机体身上的一种暂时性的失调,不仅是机体影响心灵或心灵影响机体,还是指向情绪意义的切入口。想要理解情感的意义,我们就不能依赖以因果思维主导的心理学或生理学理论,而应回归生活本身。

在情绪产生的状态下,不存在所谓的"心理原因引发身体反应",也不存在"身体原因引发心理反应"。我们不会"因为"身体无力而感到害怕或恐惧,也不会"因为"害怕而身体无力。"恐惧"和"身体无力"只是两种不同的语言表达,一些理论只关注心理和生理学的概念,利用这些概念将生命的统一性割裂为肉体与心灵的二元对立,反而忽视了情绪的真正意义。当萨特试图在肉体与意识之间建立因果关系时,他也未能摆脱这一窠臼。实际上,情绪所颠覆的不是某个机体或某种意识,而是我们的身体为温暖打开的世界。

　　因此，"恐惧"和"身体无力"描述的其实是同一个现象，即肉体"失去支撑"，在自己熟悉的环境中（无论是空间、时间、生命还是其他维度）出现了动摇。因此，情绪问题的解决不在于将某种心理防御"转化"为肉体行为，而在于理解肉体是使我们存在于这个世界上的根本因素。当世界变得令人不安、变得可怖时，我们的存在也会呈现出同样的特征。只有这样，我们才能理解为什么在情绪爆发时，肉体会成为我们唯一的"表达领域"：此时的我们无法尖叫、抗议或直面世界，只能哭泣、颤抖、面色苍白甚至昏厥。

11

情绪和存在的脆弱性

　　如果我们的存在是对世界的开放性,那么情绪就是存在的脆弱性的体验。事实上,当世界突然以一种不寻常的方式出现时,我们的肉体会陷入一阵晕眩。当我们预感到恐怖的临近时,一种无声的毁灭般的威胁感将会笼罩全身。因此,我们的身体会不断后退、回撤、向内蜷缩,不论我们如何努力地想要重新回到原先的情境里,想要再次进入世界中去,我们的身体都会不听使唤。

　　在情绪中,存在被撕裂了,无法再重新整理纷乱而拥挤的思绪与图像。与此同时,急促的、断断续续的呼吸再也无法控制住四肢,动作也变得越来越不协调。每一块撕裂的碎片在我们的世界中都变成了独立的个体,局面变得越来越难以掌控。

　　这并不是一种"歇斯底里的表演"或是意识让肉体扮演的戏码,而是存在被无力感淹没后的无能,并且很难恢复回来。情绪体验可能比任何其他的体验都更清楚地展示出我们对世界的开放性是多么脆弱,肉体与世界之间精心维系的平衡是多么岌岌可危。

　　然而,每一种情绪都存在着客观情境和情绪反应之间的某种不对称。我们每次感到身体瘫软无力的时候,这种反应似乎都与引发它的原因不成比例,仿佛我们的存在所经历的失落远比实际情况更深重,这种失落不仅仅包含"失去了某一个事物",还包括对整个世界的丧失感。

　　这是海德格尔所描述的"精神焦虑",即面对整个世界的逐渐消失时体会到的一种虚无的预感:"精神焦虑使我们说不出话来。当存在作为实体的整体性消失时,虚无就会开始攻击我们。面对虚无,我们无论如何也说不出它到底'是什么'。在精神焦虑带来的虚无之中,我们往往会尝试随便说些什么来打破空洞的沉默,但说出的话却只能再一次印证虚无的存在。只有在精神焦虑消失之后，人们才会意识到，是精神焦虑揭示了虚无。
在焦虑退去后，我们想起方才的经历，不得不承认
之前让我们精神焦虑的东西并不是什么'特定'的
事物，而是虚无本身。"[73]

　　然而，如果说恐惧总是针对某个"特定"的事
物对我们产生威胁，相比之下，精神焦虑则显得十
分"模糊"，我们甚至无法明确指出是什么让我们
感到焦虑。同样，我们也可以说，这种模糊性也不
是独立出现的，反而总会以某种特定的恐惧感作
为背景。正是这种模糊的恐惧激发出了焦虑感，
当我们害怕的对象出现在这个背景中时，我们的
情绪就会彻底失控。

　　在这里，我们要理解情绪与引发情绪的对象
之间存在"不对称"和"不成比例"的情况。诚然，
引发情绪的对象本身是可以控制的，但基于本体
论的观念，每个对象背后都与一个巨大的整体相
关联，相应地，一次次恐惧关联在一起，会转化为
一种整体性的"恐慌"，将人们困于其中。这种巨
大的整体的恐慌被古希腊人称为"pán"（意为万
物），后来还用这个名字命名了一个神，即"潘神"。

　　当一个不会水的人跳入海中时，他害怕的只

是可以瞬间将他淹没的"浪",而当他尝试自救的时候,他对"整个海洋"都失去了安全感。当他失去冷静的时候,他所感受到的精神焦虑不再是对浪的恐惧,而是对海洋整体的恐惧——海洋给不了他任何支持,只会将他完全吞噬。

如果"世界"和"肉体"只是"存在于世界"这个概念的两个方面,那么精神焦虑就意味着肉体对世界的开放性发生了反转,本应向肉体敞开的世界开始远离。当肉体单方面向外部世界靠近,却没有收到相应的反馈时,这种靠近就会演变为盲目的、缺乏目的性的冲动,使人感到折磨、恐惧、精神焦虑,因为如果没有了世界,我们的肉体只会滑向彻底的存在的虚无。这种虚无会吞噬掉整个存在,使其失去任何意义。

如果说有世界的地方就会有语言,那么就可以理解为什么精神焦虑作为一种脆弱性的体现,其本身是"难以用语言形容"的。当世界不再与原本开放的肉体对话时,任何由世界赋予的意义都会逐渐消失,此时的虚无便会因此变得难以形容。所以,精神焦虑可以让人变得说不出话。整个世界隐匿在巨大的"无意义"背后,从而使言语也无法指向任何意义。

在沉默被打破后,我们从心跳、呼吸或者胃里感受到了新的身体反应,重新有了想要积极表达的迹象,就说明精神焦虑已经不复存在了。通过口头语言或身体语言,即使焦虑还是在"病理"层面上,世界也会开始重新构建起来,肉体可以再度向世界敞开,曾经瞬间撕裂的感受与意义会再次被缝合起来。肉体的语言将我们的存在重新带回到世界中,将整个世界从"恐慌"中夺回,交还给海德格尔所谓的"烦"(Sorge)①。[74]

———————

　　①　海德格尔将人类的存在状态归结为"烦",意大利语中作"cura",也可理解为"操心""关心"。

12

情绪美学

　　"美学"一词源自希腊语"aisthánomai",意思是"感受","用身体的感官感知"。实际上,有一些情绪与我们的概念性思维并没有明显的联系,也不具备实现目标或避免危险的功能,它们就是让我们惊艳无比的美学情绪。这些情绪能够从背后一把抓住我们,将我们拉入一个远离现实甚至脱离我们自身世界的境地,为我们展现出一个全新的领域。在那里,我们既不是作者,也不是观众,只会被音乐的节奏、诗歌的韵律或艺术作品迷人的视觉效果所吸引。亚里士多德将这种体验称为"惊奇"[75],康德将其形容为"没有概念和目的"的感受[76],托马斯·曼认为这种感觉是"具有穿透力的"[77],而陀思妥耶夫斯基则认为这些情绪将我们从平庸的日常事件中"拯救"出来[78]。

这就是美。美是绝对不可定义的,它超脱了"无穷的恶"——在后者的概念中,一个事物只能是达成另一种事物的工具,但美并不是用来实现目标的一种手段。不仅如此,美不会停留在无用的层面,它还引领着我们走入一个秘境:在这个秘境中,我们感受到的东西是闻所未闻的,表达的东西是难以言喻的,看到的东西是肉眼望不到的,能够从可见的表象深入不可见的本质。除了美,没有任何概念能够触及上述这两个维度。而美学情绪在容纳这两个维度外,甚至还会上升到狂喜的维度,即一种超脱自身的、忘我的极致体验。

正如陀思妥耶夫斯基所写的那样,在这种陌生又熟悉、喜悦又焦虑的状态中,"所有的矛盾都同时存在"。此时,理性的力量仿佛被催眠一般,随着美学情绪的突然爆发而销声匿迹;而这些情绪自身又会把我们带入一种陌生的状态中,这种状态与日常生活不同,但却比我们日常生活的世界更加深刻。

在音乐中,情绪比理性先行。通过与自身对

话,音乐表达出的东西并不是某一个特定的概念,而是一种普遍性的情绪。实际上,音乐是一种人人都能理解的语言,其含义只会通过它表现的声音来传达。而这些声音又无法转换成日常所说的话语,所以其意义是无法言说、难以形容的。音乐能够带领我们走出日常生活,走向一种动荡的、危险又迷人的境界。

音乐如此,文学(尤其诗歌)也是如此。诗歌同样为我们展示出了某些"指向别处"的东西,"近前的"指向"远方的","熟悉的"指向"陌生的",现实的边界开始逐渐坍缩,转而形成一种更高的视野,古希腊人将其称为"epopteía"(洞见)。正因如此,盲诗人荷马能够召唤缪斯女神,让女神向他讲述特洛伊城的故事[79];也正因如此,故事中的缪斯女神剥夺了德摩多科斯的视力,却给予了他歌唱的天赋——这是来自女神的眷顾[80]。

剥夺视力意味着削弱对外部现实的感知,以增强对内在的感知。剥去思想的概念外壳,才能解读出那被概念束缚住的深层内涵。只有暂时放弃我们日常的、习惯性的认知,才能够超越现实的规则,进入真理的核心。只有受其感染、被其吸引时,我们才会直视那些日常生活中被忽视的、激荡着我们心灵的东西。它渴求我们的关注,但我们既不能解释它,也无法忽略或忘却它。它就是那不确定的彼岸,所有的音乐、诗歌和艺术表达都指向它。

它引领我们去探索的既不是感官世界,也不是思维世界,而是超越我们日常习惯的情绪、想象、观点、愿望以外的境界。我们摆脱所有的束缚,进入到狂喜的、忘我的维度后,就能够体会到美学所指向的更深层次的意义。

这种被引领的感觉源于一种典型的美学情绪,即"激情",它所指的并非一种泛泛的"欣快"的感觉,而是一种惊讶且不安的体验——这种感觉就像当我们与诗人对话时,突然意识到说话的并不是诗人本人,而是栖居在他体内的神灵(én theós)。古希腊诗人品达称自己为先知,他所讲述(phatízo)的正是神灵通过他的身体向外传达的东西。同样,在《奥德赛》中,卡桑德拉做出预言时,并没有人相信她,但那正是神灵通过她的身体在揭示未来,就像西塞罗所说的,"神灵进入了人类的躯体,便不再是卡桑德拉在说话"(Deus in-

clusus corpore humano iam，non Cassandra loqui-
tur）[81]，几乎是回应欧里庇得斯在《酒神的女信
徒》中的诗句："神灵强有力地进入躯体，使那些狂
怒的人们预言未来。"[82]

　　这种"占有"和"激情"的状态，是诗歌创作的
必要条件，柏拉图也承认这一点，并将其归为一种
神圣的疯狂（theía manía）："这是一种疯狂，它能
够掌握那些纯洁无瑕、难以接近的灵魂，使他们觉
醒，令他们在抒情诗歌和其他诗意的创作中迸发
出激情；它为古老的英雄事迹注入秩序与美，以此
教化后世。但对于没有缪斯的疯狂，却以技艺（ek
téchnes）创作诗歌的人，他的艺术对他来说毫无
用处，因为面对疯狂之诗（mainoménon），理性之
诗（sophronountos）便会黯然失色。"[83]

　　除此之外，柏拉图还指出："最伟大的恩赐来
自神授的疯狂。"[84]因此，激情和诗歌创作时的情
绪与其他所有的情感有着根本的区别，因为在告
别理性之后，它带我们进入了我们自我中的另一
部分，在那里，所有的创作要交由我们体内的疯狂
来表达。因此，海德格尔说"诗人是最具冒险精神
的"[85]，因为诗歌不是从理性的规则中诞生的，想

要创作，必须沉浸在疯狂的状态之中，而到了那个境界，谁也无法保证我们是否会再度清醒过来。

这种状态不仅会降临在诗人或艺术家身上，也会发生在阅读诗歌或欣赏艺术作品的读者和观众身上。正是创作者的疯狂缔造了作品，因此，想要真正地理解作品，也必须进入那种疯狂的状态中。

司汤达所描述的综合征①便证明了这一点。据司汤达描述，当他在佛罗伦萨参观展出的艺术作品时，他感到心跳加速、头晕目眩、脑海一片混乱。这深深地影响了他的思维和感知，更不用说他情绪的变化，从抑郁到欣快，再到狂喜，其间还伴随着广泛性焦虑症和恐慌的发作。[86]人们走入艺术家疯狂的境界中时，就会产生这种混乱的状态，没有这种疯狂，艺术作品就不会诞生。

雅斯贝尔斯，这位 20 世纪最伟大的精神病理学家，在《天才与疯狂》②中写道："艺术家的创造精神虽然受到了某种疾病发展的影响，但它却超

---

① 即"司汤达综合征"。
② 《天才与疯狂》为该书的意大利语书名，其中文译名为《斯特林堡与凡·高：与斯威登堡、荷尔德林作比较的病理学案例试析》。

越了正常与异常的对立。打个比方,就像珍珠因
贝壳的病变而产生,我们在欣赏珍珠时不会想到
贝壳的病变,在面对艺术作品迸发的生命力时,也
不会想到它可能诞生于精神分裂症。"[87] 而这也
再次证明,情绪创造了我们的世界,但只有美学情
绪才有力量引领我们,进入那个平日里感知不到,
也想象不到的世界。

第三部分

当今的情绪生活

我们常常想把自己的生命寄托在某些情绪之上，但其实它们根本不属于我们。然而，由于我们没法将它们与真正源于我们自身的情绪区分开，我们往往对这些情绪予以同样的信任！因此，最危险的事情就是，我们在不知不觉间听从了一个寄居在我们心中的陌生人的指令……而这时，我们还以为自己在遵循个人的倾向。

——塞尔日·提塞龙，《情感的真相与谎言》（2005）

13

情绪的矛盾性

在我们如今所处的时代,技术不再像我们通常以为的那样,只是人类手中的一种"工具"。随着技术的发展和扩张,它已成为我们所处的"环境",将人类简化为技术装置的操作员和技术工具的使用者。能够导致这样的结果,并不是因为我们真正渴望这些工具,而是因为我们被迫"渴望"它们。[88] 事实上,在当今世界,没有人能够自由地选择要还是不要电脑或手机,如果我们的社会关系必须依赖电脑和手机才能维系,那么没有这些工具就意味着会遭到社会的排斥。

与前技术时代不同,当今的技术发展并不以某个目标为导向,不传达任何意义,不提供救赎,也不揭示真理。技术仅仅在"运作",遵循着一种简单而严格的理性法则:用最少的资源达到最多的目的。这种理性也体现在经济学中,但经济学至少还有一种人类的热情——对金钱的热情,而技术则完全没有热情。

当技术已经成为我们所处的环境时,如果不想被社会边缘化,我们就无法避免地要与技术的理性相遇。而我们个人情感生活的部分,激情、想象、梦想、爱恋,从技术理性的角度来看,都会被认为是不和谐的干扰因素。它们妨碍了生产秩序的严谨性,对其功能、效率和总体的生产力都产生了威胁,而这些正是技术的核心价值所在。

因此,在工作关系等社会关系中,往往会"制止"情绪介入公共事务,甚至会要求"戒除"情绪,以免使我们暴露出愤怒、怨恨、内疚或羞耻感——一旦表现出类似的情绪,我们就可能遭到职场的排斥,进而被社会不断边缘化。

然而,正如弗洛伊德告诫我们的那样,被压抑的情绪总会以某种形式重新回到我们的意识中。现代社会不再是自然环境,如今的我们无法像过去那样通过欣赏风景、仰望天空、逃离到地平线那头的方式来表达情绪,无法仅仅凝望某人的脸,而不去审视他的身份与能力。如今的情绪往往以最简单的形式表达:"我就是这么感觉的。"这种方式天然地让我们的情绪变得正当合理、不容置疑,不留任何讨论的余地。

当我们用"感觉"一词来形容的时候,情绪就成了一种个人经历的见证,从而变得不容辩驳——因为个体的感受是没有办法讨论的。当一个人说"我感觉不到对你的爱了",或者说"失去他之后,我觉得活着一点意义也没有"的时候,我们还能怎样反驳呢?这样的话语几乎没有留下任何讨论的空间,一旦情绪以这样的形式表达出来,就意味着这种感受需要立刻得到认同。

但是,这种通过"我感觉"索要的认同,是否是正当的呢?还是说,这种表达能够让我们陶醉在一种绝对自由的感觉里,在不容争辩的同时,也迫使我们必须在失去社会关系支持的条件下打理好自己的生活?

一方面,技术理性中断了我们的个人情感生活;而另一方面,我们又将自己的感受上升为唯一的行为准则,亲手剥夺了经营情感生活所需的社会关系。我们仔细观察这两种现象，就会发现其中的矛盾性：这一头，技术理性要我们戒除情绪，而那一头，我们又将个人情绪作为判断的唯一标准，无须经过任何讨论与证明。

14

技术理性与情绪、情感的戒除

技术理性开发出人类智力的潜能，促使人类朝着智能化的方向发生转变，但这种转变导致的结果却是想象力、情绪和情感的匮乏（甚至消失），而这些，正是前技术时代人类精神生活的重要特征。

在前技术时代，人类的行为是为了追求一些目标，这些目标可以直接满足人类的需求和欲望，尤其是那些即时性的情绪体验（比如儿童玩耍获得的快乐）。而在技术的世界中，每一个达到的目标都会变成实现下一个目标的手段，而下一个目标的实现又会成为再进一步的起点。在这个链条中，每样事物都是实现另一样事物的先决条件，但没有人知道到最终的目的到底是否存在。为了满足方法和功能上的需要，技术理性总是倾向于消除情绪和情感带来的干扰，因此，情绪和情感会受到压抑，逐渐变得无关紧要，并且最终毫无疑问地被技术的理性计算所取代。

而这也就意味着，我们的"生活世界"正在日益演变成一个"技术的世界"。在生活世界中，我们是为了实现某个目标而做出行动；而在由理性主导的技术世界中，一切都是手段，有关行动的问题会被转化为理性可计算的关系，极大地减少了情感因素的影响，以及由情绪驱动的决策。

其实，人与人的智力并没有实质性的不同，具体的差异只会体现在深度、广度和局限性等方面，用一个词来概括就是"量"的差异。而冲动的、情绪性的、感性的因素则是使一个人与其他人不同的"根本"所在。当这些因素变得越来越无关紧要时，就必然导致人类的同质化。个体的"主观性"逐渐消失，取而代之的则是生活方式中日益占据主流的"客观性"。

比起从前，技术时代的到来让情感生活变得更加扁平化。事实上，就智力层面而言，人与人即使天生的水平不同,也可以相对容易地理解彼此,但对于那些不能只靠智力解决的、关乎生命内在的根本问题,人们却往往漠不关心。正是这种针对根本问题的调和主义的态度,催生出了一批"没有个性的人"。借用穆齐尔的说法[89],这些人不再向生活中注入任何真实的"内容"(他们的特点和个性),而是像系统里的螺丝钉一样彼此互动,按照理性预设的规则机械地行事。

纯粹理性的行为意味着仅仅将视野局限在简单的因果逻辑上,不再从情绪、情感的维度进行价值考量,仅仅根据技术执行的连贯性(行动的部署、完成的结果)来衡量。因此,即使是集中营的官员或是兵工厂的工人,也可能认为自己只是在完成一项"工作",而不是犯下某种"罪行"。

特雷布林卡集中营的指挥官弗朗茨·斯坦格尔对记者吉塔·塞雷尼的回答就是一个非常典型的例子。在采访中,赛雷尼曾多次询问斯坦格尔每天在执行处决时是怎样的感受,但斯坦格尔却对这个问题十分不解。他在回答的最后有点不耐烦地说道:"可我并不是负责感受什么的,我的职责是执行已经制订好的计划。而我把计划执行得非常完美，所以我觉得自己是一名优秀的官员，直到现在我也这么认为。"[90]

在京特·安德斯[91]看来，纳粹主义可以被看作技术时代的雏形，在那个时代，情感生活是无关紧要的，责任也不再与自身行为的内容或结果有关，而只在于有没有完美地执行上级下达的命令。如果一名银行职员能够按照主管的要求把劣质证券成功地推销出去，就会被认为是一个"优秀"的职员，至于他推销时是否感到良心不安则并不重要。同样地，制造武器的工人只对产品的质量负责，对这些武器所带来的后果则不负责任。

技术理性的出现，将人们主观的、带有情绪的行为方式转化为客观的、规范化的行为方式，强化了我们心灵中唯一理性的"自我部分"。同时这种"自我"的强化又会加重个体的"自私"成分，从而让追求自身利益变得"理所当然"。另一方面，所有形式的利他主义和奉献精神，归根结底都产生于情感和情绪的维度，因而在技术理性的统治下无从表达，显得毫无"逻辑"，与单纯的非理性表现混为一谈。

因此，技术理性的智性主义在伦理层面对应

着自私，在社会层面对应着个人主义，在心理层面对应着自恋，其结果必将导致情感生活的逐渐衰亡。技术会把人类引向何处？又将怎样改变人类的面貌？当技术脱离了"意义"的框架，开始以指数级的速度自主发展的时候，我们凭借情感便再也无法感知、体会、想象出这些问题的答案了。

事实上，我们的生产能力会因为技术性能的无限提升而变得无限强大，光这一点就已经突破了我们的想象——我们的想象力其实是非常有限的，有限到连技术发展的后果也看不清，甚至认为这些后果是"我们"创造出的"胜利果实"。

束缚住我们想象力的不仅仅是技术强大的实力和强劲的势头，还包括劳动过程的无限细分，也就是所谓的"劳动分工"。因此，任何的工业、商业或行政活动进行到若干阶段后，其进程都会变得难以追踪，我们正在处理的事务也会变得毫无意义。

感知力也是如此。技术设备越复杂，与其他系统交织得越紧密，产生的效果越宏大，我们的感知力就越微弱。也就是说，我们会越来越难以理解系统运作的过程、效果和结果。即使我们本来就是其过程的一部分，甚至是运作的条件之一，我们也仍然难以看清其整体运作的目标。

技术生产与我们的想象力、感知力之间的差距，会导致我们的情感跟不上我们的行为。因为技术的力量实在太过强大，它能够驱使我们的行为，创造出无比"庞大"的东西，远远超出我们情感的反应能力。正如安德斯所说："我们的情感反应是有上限的，一旦超过了某个门槛，再巨大的事物也无法引起我们的反馈。"[92] 就这样，作为"情感失能者"，我们见证了核武器的扩散，见证了生态系统的破坏。我们发现贫富差距并非由劳动多少所决定，而是由技术控制的经济制度使然；我们发现通信工具在飞速升级，而使用者交流的信息却没有那么丰富。我们可以同时知晓世界各地发生的一切事件，却唯独没有足够的能力去消化它们。

1963 年，纳粹德国军官艾希曼作为犹太人大屠杀的策划者之一，在以色列接受审判，并被处以死刑。次年，安德斯在写给艾希曼之子的信中，试图追溯导致六百万犹太人被屠杀的根源："情感的'不足'并不是人类诸多缺陷中的一个普通缺陷，它甚至比想象力或感知力的不足更加严重，甚至比以往发生的最糟糕的事情——比如这场针对六百万人的屠杀——还要严重。为什么？'因为正是情感的丧失，才使得这些极其恐怖的灾难反复上演'，才让事态很快愈演愈烈，甚至让这种事态的反复和扩大变得无可避免。事实上，人们不仅会丧失对恐怖、尊重或同情的情感，甚至连'对责任的情感'也无法体会。尽管这听起来令人毛骨悚然，但责任感确实与想象力、感知力是一样的：'当我们想要实现的目标（或者已经实现的目标）越大时，能感知到的感情就会越微弱，直到彻底消失不见。也就是说，我们内心的抑制机制一旦超过某个最大的门槛之后，就会彻底失去作用。'正因如此，这'滔天的罪恶'才能够肆无忌惮地发生。"[93]

因此，纳粹的实验可以说标志着"技术时代的诞生"——并不是因为其残忍，而是因为这些实验能够"从极度理性的组织中产生出非理性"。斯坦格尔就是最好的例子，对他而言，"屠杀"仅仅只是一份"工作"而已。

这一事件在今天看来可能显得离奇而荒谬，与我们的时代、我们对情绪的感受方式截然不同。

然而，如果我们的情感感知跟不上全球化的、日益普及的技术发展，最终，我们每个人都将陷入个体的不负责任的状态，这种状态将会使技术的极权主义大行其道，其传播甚至不需要依赖那些过去的意识形态。

于是，安德斯提出了新的疑问：如果并没有足够强大的情感去应对技术的发展，我们又该如何避免技术时代成为历史上全新的，或许不可逆的转折点呢？在当今时代，问题已经不再是"我们可以用技术做些什么"，而是"技术究竟可以对我们做些什么"。

15

将个人情感作为生活的唯一准则

　　情感感知能力与技术发展的不匹配，可能会致使我们走向一种"情感退化"，也就是将自己的"感觉"作为生活的唯一准则。之所以会这样选择，是因为我们感到自己的生活被技术理性所施加的压力包围。面对越来越大的压力，想要自我保护，情感似乎成了唯一的避难所。由于它源自个人亲身的体验，所以天然被赋予了正当性。

　　因为这种准则是以自己的生活经历为基准的，所以无需任何的讨论和检验。如此一来，从"我感觉"出发，每个人都试图创造出一个与自己的想象相符、相仿的世界，从而实现一种精神上的"自给自足"。而这种自我满足会促使人逐渐切断与他人的一切联系,沉溺于对自我的吸收,最终失去与公共世界和外界社会的关联。

社会生活的崩溃最终也会威胁到我们的私人生活。其实,我们的"感觉"只是一种幻想,只是因为无须得到外界的认可,所以显得十分自由。然而,当我们的情绪和感受被这种虚假的"自由"所引导时,"幻想"很快就会演变成"幻觉";当我们与外在的公共世界彻底割裂时,这种幻觉就会毫无约束地在脑海中成形。

在一种弥漫着虚幻感的氛围中,个体会产生一种错觉,以为前方再也没有阻碍自己欲望的绊脚石,而自己可以随心所欲,向着幻想纵身一跃,飞入梦幻般的现实——但很快,这些梦境就会变成噩梦,显出最为恐怖的原形。

其实,当现实与幻想之间的界限变得越来越模糊时,我们以为唾手可得的幸福,实际上只是绘制了一张所谓"自由选择"的虚幻蓝图。克里斯托弗·拉施[94]曾指出,所谓的"自由选择"并不是真正选择一种行为方式,其内核往往是一种"不选择",比如"开放式婚姻""没有承诺的关系"等等。在身处其中的人们看来,这些不过是基于他们的感受所做出的决定，而实际上，却是消费文化为他们提供的选择。

在消费文化中，自由往往体现在不同品牌之间的选择上，虽然这些品牌本质上几乎没什么区别，但表面上似乎总在激烈地竞争。各式的广告给我们带来了一种"多样性"的错觉，令人心驰神往，具体到生活中，这种"多样性"就会延伸至可更换的爱人、可更换的友谊以及可以更换的工作。

在品牌宣传的广告中，总会在产品周围营造出各种缤纷的场景，仿佛一切都有无限的可能。同样，当人们按广告中的模式来处理人际关系时，选择便不再意味着某种"承诺"或"结果"。从朋友、爱人到工作，一旦有看似更好的机会出现，人们就会立刻抛弃之前的选择。

假如人们选择结婚是因为也可以离婚，选择生育时心中却想着还可以堕胎，选择专业时想着还可以转专业或放弃，选择职业时总想着如果"感觉"不合适还可以改行——当情感（"我的感觉"）被视作人生选择的唯一标准，而且这种标准不需要任何的考察或检验时，就会产生一种新的观念，认为"所有的选择都有撤回的自由"。

　　然而，如果每个选择都可以撤回，都不会妨碍下一个选择，那么便意味着一切选择都无法真正影响事物的发展进程，都不会引发一系列"不可逆转的后果"。这样一来，选择本身的意义就会变得空洞，与它本来自称要追求的"自由"南辕北辙。

　　事实上，当所有的选择都能够任意撤回、当身份可以像衣服一样自由穿脱的时候，再也不会有一种身份认同能够以我们共同的、可靠的、长久的世界作为参照，展现出每个人的经历与价值，取而代之的则是拥有千般面孔的"个体"。当我们共同生活的世界已经被幻想取代，没有持续稳定的个人经历与内在价值作为支撑时，所谓的"个体"便沦为了一面镜子，只能呈现出一张张周围环境的短暂映像。在这种环境中，人们一次又一次地依照广告宣传的模式处理生活，最终使自己的情感生活无可避免地陷入一种由外部力量掌控的生活方式中。

16

情感生活的曝光与羞耻感的丧失

如果我们用"隐私"一词来指代那些不想公开的内容、那些只会向知己袒露的心声，那么，"羞耻感"不仅是在保护我们的隐私，也是在维护我们的自由，维护我们的身份认同——而身份认同的核心将会决定我们与他人建立怎样的关系。

因此，羞耻感并不仅仅关乎外衣、内衣或其他私密的服装，还是一种内心的警戒，决定了我们对他人开放或封闭的程度。事实上，我们可以在赤身裸体的同时深藏不露，不为他人敞开灵魂的一丝缝隙。肉体的裸露并不意味着对他人心灵的开放。

然而，当今时代的潮流则对这种观念持反对

态度,鼓励我们"向外界公开袒露自己的内心"。因为在消费主义社会中,商品只有经过宣传推广才能够获得关注。这种习惯也渗透到了人们的行为中,使得人们觉得只有将自己展示出来,才能感受到自身的存在。正如安德斯所说:"世界已经成为一个巨大的'广告展览会',身处其中的我们无处遁形。"[95]

商品如此,人亦如此。为了迎合社会认同,人们放弃了自身的"个性",转而寻求"自我形象的推销"。这样的趋势很容易使人扭曲变形,引导人们放弃寻求真正的自我,致力于打造和宣传自己的个人形象。

实际上,如今的我们已不再居住于现实世界中,而是生活在各种虚拟的广告里,我们被"暴露在外"。而羞耻感也不再是属于人类的情感,不再标志着特殊的界限。那些曾经栖居在我们内心深处的情感,如今已经被完全公开,彻底地打破了从前的边界。我们内心的反思、静默与孤独,我们的祈祷,我们的爱意,我们的友谊与我们的愤怒——所有这些人类的情感都如同蛇蜕下的皮一般赤裸地外露。

如果一个人没有表现出强烈的展示性与吸引力,没有在聚光灯下公开地展示、推销自我,那么他就会被判定为一个没有吸引力的人。我们注意不到他的身影,他的呼声也无法引起我们的回应。我们不会认同他,不会利用他,也不会消费他,甚至会觉得他"不存在"。

因此,想要"存在",就必须先"展示"。如果一个人没有任何可以展示的东西——没有商品、没有肉体、没有技能,也没有可以分享的信息,那么,想要摆脱寂寂无名的状态,他就会展示自己的内心。在我们的大众社会中,"同质化"是权力管控个体最方便的工具。而内心的情绪、感受与"自身独特的意义",正是我们抵抗同质化的一种方式。

就这样,从电视到报纸,各式各样的传播工具通过测试、问卷、抽样、统计、民意调查、市场调研等种种方式,肆无忌惮地窥探个人的隐私。不仅如此,通过亲密的告白、情感的直播、对爱情故事和私生活的深入挖掘,媒体促使人们袒露心声,将最为私密的情感、情绪和感受公之于众。这种毫无保留的自我暴露常常会被誉为"真诚"的表现,毕竟归根结底,"我们没什么好隐藏的,也没什么好羞耻的”。

"羞耻"一词来自拉丁文"*vereor gognam*",意思是"我害怕耻辱柱"。当我说"我不会感到羞耻"的时候,其实是在说我不怕向他人展示自己。此时的我已经克服了人人皆有的羞耻感,把毫无羞耻视为美德,甚至视为真诚与无辜的证明。

通过这种方式,在社会从众倾向的驱使下,每个人都会成为"隐私同质化"的推动者,将自己视作一种"公共资源",使举手投足不断贴近大众的行为举止。众所周知,如果拒绝这样做,就可能会被认为"不合群""形迹可疑",于是人们便开始热情地展现自己。而这正是社会管理者十分乐见的局面,因为一旦隐私被公开,就不再是隐私了,而那些本应站在隐私线外的人们就能"不可避免"地介入到我们的情感、情绪和感受中。

在这种情况下,有人可能会反驳说,坏事往往是悄悄干的,所以"秘密"和"隐私"在公众眼里很容易成为作恶的证据。为了推翻这种具有偏见性的刻板印象,唯一能做的就是毫不羞耻地公开展示自己:接受采访、公开道歉、与大家谈论自己的隐私。正如我们在电视上看到的那样,很多备受

欢迎的电视节目都会鼓励人们积极、愉快地参与
到自我暴露的过程中。

　　这种现象或许看上去有点奇怪，但却已经真
实地发生在我们的社会中。与此同时，羞耻感几
乎已经被完全消除了。它不仅被视为"不真诚"的
象征，甚至还被心理学家们视作"内向""自我封
闭"的表现，是"克制""压抑"的结果。不仅如此，
那些心理学小册子还告诉我们，这种"压抑"正是
"社会适应不良"所产生的症状，是社会化失败的
证明——不难看出这一连串随意的推理会把我们
引向何处。

　　遗憾的是，这个过程已经开始了，我们的"内
心世界"已经成了"公共资源"。既然如此，何不毫
无保留地接受访谈，毫不羞耻地展示自己呢？说
到底，我们的"肉体"也已经成了公共资源，过去只
属于少数明星的特权（比如在照片底下公开自己
的三围数据），如今，"不想显得保守"的女孩们只
会把它当作一场游戏来玩。甚至"性"也成了公共
资源。从报纸、电视再到互联网，无数文章和报道
在讲述着床第之间的困扰与乐趣，听上去仿佛是
私密的建议，实际上却是在对着数百万观众耳语。

　　这一切都意味着"我们没什么好隐藏的,也没什么好羞耻的"。当从众心理和同质化的力量不断显现时,每一个秘密都会被揭露,每个人都会彻底透明,每一条隐私都会被视为障碍清除,每一种保留都会被当作背叛,每一次自愿的袒露都会受到鼓励,被视为"忠诚"甚至是"心理健康"的证明。

　　我们可能还没意识到,这一切的后果便是社会的同质化。在从众心理的驱使下,这种同质化会一直深入到每一个个体的心灵内部。说到底,实现这一点也没那么难,只要相信自己"没什么好隐藏的,也没什么好羞耻的"——这便是在说,"我已经完全曝光了","没有保留任何隐私",但作为回报,我能够获得关注度,获得社会的认可,兴许还会有人赞扬我的勇气与真实。

17

隐私的市场化

当毫无节制的发展模式越来越深地渗透到我们的生活中时,甚至会促使我们将自己的私人生活也变得商业化。我们可以把孩子托付给保姆,把老人托付给护工,把家务托付给用人,把吃食托付给饭店,把孩子们的聚会交给活动公司,把朋友间的聚餐交给餐饮企业。我们可以购买陪伴服务来消解孤独感、营造自己的社交形象,还可以购买情绪劳动甚至性服务,来满足自身的肉体欲望和心理需求。

因此,在我们当今的文化中,金钱被拔高为所有价值的唯一象征。而这种价值观的滑落所造成的文化上的虚无,现在也已经被市场所填补。正如来自加利福尼亚大学伯克利分校的社会学家阿莉·拉塞尔·霍克希尔德[96]所指出的那样，当今的市场能够为我们提供各式各样的服务：帮助我们找到灵魂伴侣、承办完美的婚礼、举行生日派对、探望老人等等。它已经成为我们生活的一部分。可以说，市场通过延长工作时间（或让父母双方都参与工作）的方式，先从我们身上夺走了一些东西，然后再通过提供付费服务将其贩卖给我们。

而我们毫不犹豫地接受了这一切，甚至渴望这种模式的到来，因为这种个体对市场的"依赖"往往会伪装为"个体独立的意识形态"，也就是说，只要一个人能够支付金钱，把照顾家庭交给市场化的服务，就能够获得自我的实现。这样的想法丝毫没有意识到，这样做其实是将私人生活托付给他人，任由他人来体验本该属于我们的情绪与感受。

由此可以联想到儿童的教育。家长在选择托儿所和幼儿园时，大多考虑的并不是什么教育标准，而是这些机构的托管时长；孩子上学后，家长只会关心他们在校的成绩，如果遇到成长问题，就会把他们送去找心理医生，让心理医生去承担家长欠缺的关注和沟通；夫妻关系更是如此，缺失的交流和相互关心往往会通过适时的礼物、请客吃饭或者在旅行社购买的七日出国游来进行补偿。

导致家庭瓦解的是缺少关怀，而关怀是由情绪体验推动的，如果失去了这种体验，我们就会变得无比冷漠，甚至成为"情绪文盲"。当然，这并不完全是由于父母的疏忽所导致的，当代的工作节奏以生产力和效率的最大化为导向，剥夺了父母唯一能够提供关怀、陪伴情绪成长的东西——时间。20世纪初，弗雷德里克·温斯洛·泰勒①通过消除"无效时间"[97]，实现了生产线上的效率神话，如今，这个概念已经从工厂转移到了家庭中，大人们也总是"没有时间"。

市场则敏锐地发现了这个问题。为了解决妈妈们没有时间陪孩子的难题，市场提供了一套"现成"的商品作为解决方案。在没有实体产品的情况下，妈妈们只需要叫一家服务公司来准备孩子的生日，便可以从忙碌中解脱出来，不需要亲自烤

①　弗雷德里克·温斯洛·泰勒：美国著名管理学家、经济学家，曾提出一系列科学管理理论和方法，极大地提高了当时工人的劳动生产率。

蛋糕、吹气球或邀请其他的朋友,不仅节省时间,还能享受和孩子们一起欢度派对的"高质量时间"[98],和小朋友们一同尖叫欢呼。拉塞尔·霍克希尔德将这种理念称为"高质量时间理论"。

然而,时间不仅仅关于高质量,还关于充足性。充足的时间是父母陪伴孩子做事、跟随孩子成长、发现问题并建立信任的必要条件。而信任建立的基础就是父母的"存在感",不仅仅是孩子过生日时的庆祝,而是日复一日的长久陪伴。如果花钱购买的"高质量时间"仍不足以弥补父母心中的罪恶感,市场还会进一步宣传其新的理念,把过去被认为是"忽视孩子"的种种行为包装起来,冠以"让孩子独立自主"的美名。正如拉塞尔·霍克希尔德所形容的那样:这些孩子才刚刚长大就拥有了自己的家门钥匙,虽然在一定程度上做到了"自己管理自己"[99],但当他们长到青春期时,父母又该如何告诉他们不能凌晨六点才回家?

我们平时总会听到关于保卫家庭、支持家庭的言论,却从来没有人告诉过我们家庭与资本主义模式其实是不相容的,尤其是现如今,全球竞争日趋激烈,后者已经发展至涡轮资本主义模式的阶段。在这种模式下,一个普通家庭如果父母双方不都参加工作,家庭就没有足够的经济来源,而高强度的工作节奏更会严重地影响家庭内部的关怀。

照顾孩子,照顾老人,照顾彼此的家庭和邻里,照顾自己的情感生活。当市场帮我们解决这些"顾不上"的问题时,我们不应忘记,金钱换不来温暖的目光,换不来轻柔的抚摸,更换不来长久的感情。正如海德格尔所言,金钱可以使他人代为"操劳"(Besorgen),但无法代人"操持"(Fürsorge)。[100]

18

互联网对我们情感的影响

现如今，通信技术的发展似乎不仅仅方便了信息的传播，还为我们情绪与感受的分享提供了更广阔的平台。然而，深入的研究表明，这些技术实际上限制了思想和情感的交流。能够造成这样的结果，不仅是因为背后大型组织的管控（这一点已经成为共识），而且是因为当我们将自己的内心曝光之后，便没有了任何秘密可言，每个人对于世界的体验和描述都会趋同。别人说的也没什么特别，我们自己也能够说出来；而我们自己的观点也没什么两样，只是在重复别人听过的内容。

在这种集体性独白中，交流的工具发展得越来越多，让我们误以为拥有了更多的自由——但实际上却更少了，因为没有人能够传达真正独特的内容。在这些交流媒介的作用下，世界变成了一个巨大的"表象"，每个人都只能从共有的世界图像中构建自己的世界。因此，即便只是略微审视一下自己的内心，也会发现心底的想法与电子屏幕上显示的几乎完全相同。

从饮食习惯到穿衣风格，从起居习惯到交流方式，一切都由媒体主宰。它们会引导观众对屏幕中的内容产生一种微妙的认同感，促使人们花钱购买自己的身份认同，并在喜悦或痛苦、善良或仇恨、性或死亡中展示出来。这是一条由通信技术铺就的道路，让我们轻轻按几下按键，便可以便捷地参与到生活的方方面面。

一时间，我们感觉自己仿佛成了无所不能的创造者，生活在一个从局限中解放出来的世界里，一切都是积极正面的景象。每一副肉体都在追求美丽，美丽关乎社交，而社交会带来具有幸福感的沟通。只需要半分钟的时间，我们便可以在旅行社订购一场逃离之旅，在成人用品店买到一份性体验，在轻食店买到理想的身材，在瓶装矿泉水里买到健康的身体。这是一种通向欲望满足的捷径，也是人类一直以为幸福所在的地方。

这一系列图像和语言所构成的世界，还未经我们的允许，就毫不掩饰地侵入了我们的生活，强迫我们"参与"其中。在这个世界里，主角与背景的关系是颠倒的——语言不再从沉默中出现，图像也不再从背景中凸显，反而是嘈杂的语言和图像沦为了背景板。我们只有从中挖出片刻的沉默与虚空，才能与真正的自己相见。

如果说，语言就像亚里士多德所说的那样①，是人类最为关键的特质，那么当人们所说的只是在重复自己听到的东西时，人类的本质又是什么呢？正如安德斯所言，"我们一刻不停，齐声重复着一同听到的内容"[101]，如今的我们已经成了集体独白的复读机，每个人的灵魂都与他人无限雷同。除了集体独白之外，我们再也找不出其他的词语来表达自己，于是要么沉默在自我的寂静与虚空中，要么走上破碎的、撕裂的、失去理性的道路，陷入彻底的疯狂。正如尼采所言："人人需求同一，人人都是一个样，谁若感觉不同，谁就进疯

---

　　① 亚里士多德在《政治学》中指出，"人是具有逻各斯的生物"（zoôn lógon échon），其中，"逻各斯"可以被理解为理性或语言。

人院。"[102]

现如今，我们的情绪和感受大多通过互联网、电子邮件、手机以及类似的工具传递，后者已经成为我们与现实、与自身、与他人关系的检测器。那么，这些工具对我们与自身、与他人的关系究竟产生了怎样的影响？能够展现出我们个性和神经状态的哪些方面？

在儿童时代，孩子们通过泰迪熊（或者其他最爱的玩具）来获得对现实的掌控感，建立起最初的情感联系。同样地，大人们似乎也无法离开手机、笔记本和平板电脑，没有了它们，就像孩子们没有了泰迪熊玩具，仿佛切断了和外界的一切联系，再也没法继续生活下去。

该如何评价这一现象呢——我们引以为傲的新技术，反而导致了社会逐步的"低幼化"？心理学家卢恰诺·迪·格雷戈里奥[103]、乔尔乔·纳尔多内和费德里卡·卡尼奥尼[104]对此进行了深入分析。

难以忍受的距离。毫无疑问，手机是一种调节和缓解分离焦虑的工具。这种焦虑不仅来源于物理距离，更来源于情感上的距离，主要是源自失去他人或与他人分别的体验。我们小时候就体验过很多次这样的感觉（比如妈妈离开我们时的感觉）。如今，手机为我们提供了一个新的契机，让我们能够克服这种距离感，填补情感上的缺失，但也侧面证明了我们幼年时期的焦虑实际上在心中依旧存在，我们并没有真正克服掉这些焦虑，因而只能通过技术手段来应对。如果我们没有接到期待中的电话，我们就会自己去打电话、发短信、写邮件，并非真的有话想说，而是为了填补我们内心的安全需求。只有通过近乎强迫性的、持续不断的联系，我们才能重新建立起这种安全感。我们无法容忍距离，无法接受失去，我们的生活需要依靠他人，甚至需要完全依赖他人的存在——这充分说明了我们的幼稚与自主性的缺乏。

全能的幻觉。 众所周知，童年不仅仅意味着依赖性，也意味着全能感，这种全能感能够弥补婴幼儿对他人的依赖。同样，我们这个时代的新技术也满足了这种全能感的需求，它们能让我们虚幻般地以为自己对于他人、对于自己关心的事件具有真正的掌控力，从而减少了相关的焦虑——也就是说，焦虑不再需要经过内心深层的处理，而是会通过他人的即时回应得到缓解与平复。长此以往，我们对于内在焦虑和内心冲突的处理能力将会越来越弱，取而代之的是一种全能的妄想，让我们以为只需按下键盘、戴上耳机，就能够远程控制现实。

　　偏执的控制。如果说，我们需要"控制"来抚平焦虑，那么这种"控制"又会进一步加剧我们的偏执体验。出于偏执，我们会克制不住地关注我们感兴趣的人，时刻窥探他们的生活、他们去的场所、他们的行踪，检查我们不在时他们都做了些什么。我们以爱的名义化身私家侦探，时时刻刻想知道朋友、妻子、丈夫和孩子的位置，怀疑打电话时他们有没有撒谎，对我们讲的话是否是实情。如果我们足够敏锐，还会从背景的噪声、周围的杂音和发来的图像中找出蛛丝马迹，从而进一步验证或者平息我们的焦虑。实际上，这种掌控欲来源于我们对自身生活的无力感，当我们无法掌握自己的生活，无法左右自己的过去和未来，我们就会把这种掌控欲转而宣泄在可怜的家庭成员和伴侣身上。

表演欲①。如果全能感不表现出来，那就不是真正的全能感了。由此引发的表演欲也是一种通过手机展现出的病态行为。无论是在街上还是火车上，我们常常会听到一些人大声谈论自己高高在上的工作或社会关系，或是讲述自己私密的个人生活。而他们自己则丝毫不会为此感到羞愧，相反，甚至会很满足在众人面前表现自己，用一通电话低成本地完成了炫耀的目的。

匿名焦虑。我们需要被关注。这种需求的背面是对"匿名"的恐惧。在我们的社会中，个体总会恐惧自身沉沦于匿名的状态中。"匿名"具有双重悲惨的含义：一方面，人们需要以匿名的身份，在电话或在互联网中袒露自己的情感、自己的需求、自己内心深处的欲望甚至自己的性偏好（或性癖）；另一方面，它又是个体孤独的标志，当我们试图通过电话和网络来排解这种孤独感的时候，恰恰反映出了我们需要依赖他人回应才能过生活的悲惨状态。

---

①　原文"L'esibizionismo"从学名上讲应译为"暴露癖"，但此处并非指代有暴露身体倾向的露体癖，而更偏向于"出风头""自我标榜"之义，故译作"表演欲"。

失去周围世界和内心世界。迪·格雷戈里奥讽刺地指出，在意大利语中，"手机"一词（cellulare）的另一个含义是"用于转移囚犯的工具"[105]。在日常随意使用手机的过程中，我们究竟失去了什么呢？我们失去了太多东西。不管是在街边、餐厅、车厢、影院还是剧院，只要有刺耳的铃声响起，那些神经质的人就会打断一切，打开手机，焦急地转来转去"寻找信号"，把之前的对话晾在一边，直到把电话打完。当然，他们会在电话前后和你道歉，但无论怎样你都知道，如果不接电话，他们就会十分焦虑，而你的重要性则远远排在他们的焦虑之后。

对于这些人来说，手机是将他们与世界绑在一起的"插头"，让他们失去了周围的世界，尤其是他们内心的世界。"沉默"是我们与自身沟通的唯一途径，而他们却不再知道沉默是什么。"等待"会体现出情绪的分量，会给我们的日常生活带来惊喜，而他们却不再理解等待的意义。他们不再尊重"爱在沟通中产生的氛围"，游走于手机和现实之间，只有手机里的世界告一段落，才会回到真实的世界里来。他们总是过于关注外界的消息，手机的优先级永远高于面前的人。就这样，一部打开的手机就像一个虚拟世界，横亘在两人中间，阻碍了真正的交流。

失去自由。当然，我们可以关掉手机，有时手机信号不好，有时也可能会没电——到了后来，这些都成了人们为自己没有回电所找的借口。无论手机是开是关，我们都无处可逃。要是我们拨打电话，就说明我们不懂得等待，也无法在等待中思考和沉淀；要是我们接听电话，则意味着我们时刻由他人摆布与掌控；要是我们选择关掉手机，我们也必须在之前或之后和大家解释联系不上的原因。

就这样，我们逐渐意识到，手机让我们失去了自由，失去了很多曾经拥有的"机会"。面对问题，我们没办法从容地思考，必须立刻给出答案。我们再也无法像过去一般沉浸在自己的爱情中，因为一旦对方不打电话，我们便会体验到被抛弃的感觉。我们再也无法独自一人，静静地待上一个小时，因为与自己相处只会让我们感受到内心的贫瘠。一切都是为了让我们在第一时间知道：我们的母亲一切安好，女朋友还爱着我们，朋友还在等着我们,会计已经把事情处理好了,律师也腾出了时间来接待我们,外部世界是存在的,是正常运转的,而我们身处其中,可以随时掌控一切——我们以此来确认自己的存在。

也许我们失去了灵魂的独白,但作为交换,手机为我们创造了一个世界(尽管这个世界有时会有信号干扰,会在隧道里没声音,会突然找不到信号)。如果说手机谈不上创造世界,也至少为我们带来了世界的喧嚣。总体来说,这笔交易还不错:作为代价,它只收走了我们大部分的自由。

互联网依赖。如果你凌晨四点起夜时,在爬上床之前不忘停下来看一眼电子邮件;如果你断开了无线网之后感到一种可怕的空虚,因为现实世界对你而言已经没有任何实际的存在感;如果你坐火车或飞机时,腿上还放着笔记本电脑;如果你笑话那些使用老版本电脑的人——那么,说明你身上已经出现了由美国研究所公布的"互联网成瘾综合征"的症状。这种病症和毒瘾、烟瘾、酒瘾、赌博、性瘾以及饮食失调(吃完后立刻呕吐)等病症的特征类似,主要表现在那些过度使用互联网的人身上,他们在虚拟世界满足了那些无法在现实中满足的需求。出现这样的情况，说明我们已经开始将现实世界视为满足虚拟世界中"全能感"的一种阻碍，只有在虚拟世界中，我们才能沉浸于无穷的快乐中。

线上购物强迫症。根据纳尔多内和卡尼奥尼[106]的研究，强迫性购物并不完全是为了摆脱糟糕的心情，而是为了享受"随时进入世界上任何一个购物中心，好奇地四处翻找而不被任何人看到"的乐趣。购物时，在焦虑和欲望的驱使下，你可能时常感到犹豫，如果放在现实中，也许会被观察你的店员们嘲笑，而在线上购物则毫无负担，你可以随意在网店里进进出出。

在线交易。是指那些通过互联网进行证券交易的人。纳尔多内和卡尼奥尼[107]认为，"交易者通常在恐惧与贪婪的两极之间摇摆不定"，当两者交汇在一起，则会破坏投资者的自我控制能力，"他们会在一种'无敌感'的驱使下，冒着越来越高的风险，做出越来越仓促的决定"。互联网的出现放大了这一过程，因为"它能够方便投资者随时了解市场的动向并进行线上交易，从而增加了投资者对局势的掌控感"。在线的股票交易甚至比赌博更加危险,因为它是合法的,因此投资者不会像那些沉迷于虚拟赌场的人那样产生负罪感(负罪感在赌博中有时还会起到轻微的抑制作用)。而对于那些因为"投资"而赔钱的人,他们的负罪感要比那些因为"赌博"而赔钱的人轻得多。

网络性爱。这是一种真正的虚拟性瘾。在网络性爱中,自慰行为通过共享的形式变得更加丰富化、多样化。匿名的环境为人们提供了没有审核的表达机会,使人们释放出那些在私人场合带有负罪感的隐秘幻想,通过分享给他人来消解这种负罪心理。然而,人们在虚拟世界中沉迷于扭曲的幻想和欲望中时,则会开始逐渐远离现实中的性关系。相较于虚拟关系而言,真实的性关系要么显得无关紧要,要么因为客观的局限性受到限制,还可能因为伴侣的存在而变得过于复杂而繁重。

聊天。在网络聊天时,人们会沉浸在一种"自由释放幻想"的愉悦感中。在这里,我们可以向陌生人展示与现实中不同的性别、身体特征、年龄、职业或情感状况。由于一切都无从核验,这种毫无代价的撒谎行为会把我们带回童年时期的那种

"全能感"和"无限自由"的体验,加之虚拟世界吸引人的各种快感,从而大大弥补了我们在现实世界中遭遇的各种挫折。

事实上,通过网络聊天,聊天者即使只是以虚拟的方式,也可以实现一种"理想中的自我",成为那个"一直想成为但又无法成为"的人。当这样的体验触手可及时,他们又怎么会关闭电脑,回到家人或朋友身边呢?要知道,现实中是没有人会相信他们理想中的样子的。于是,他们待在电脑前的时间越来越长,仿佛电脑是一个神奇宝箱,能够即刻实现他们梦想中的身份,没有任何困难阻挡。

即使在多次线上接触之后,网友间突然萌生了见面的想法,现实中的相遇往往也与他们的期待有出入。梦想幻灭了,只剩下失望(甚至抑郁)将人们立刻带回到现实——令人束手无策的现实。当然,尽管现实一再击碎虚拟世界的幻想,人们也并没有就此止步,如果只有虚拟世界能够提供现实中得不到的幻想,那么人们就会在虚拟世界里安家落户,尽量减少现实中的面对面接触,从而避免产生焦虑。

19

浪漫爱情、虚拟爱情
以及网络约会平台

我们在这里之所以讨论网络约会平台,并不是纯粹出于好奇,而是因为互联网再现了柏拉图式的"灵魂-肉体"的双重模式。在这种模式中,心智从心理学的角度来展现肉体的情绪,与现象学模式是不同的,后者展现的是没有理性中介的情绪,是直接从最开始对生活世界敞开的肉体中感知到的情绪。

我们在本书的第一部分和第二部分中分别介绍过这两种模式,可以帮助我们理解两者之间的区别:一种是相对冷静的柏拉图模式,因为互联网的兴起而再度回到我们的视线;另一种则是现象学模式,它呈现出情绪在肉体中形成和表现的具体过程。

虚拟关系的特点在于它们超越了肉体本身，这使得一些人认为，我们在虚拟关系中能更真实地表达自我。澳大利亚堪培拉大学社会研究中心主任、社会学家黛博拉·卢普顿曾指出："计算机技术使人类有可能摆脱肉体的束缚……在计算机文化中，我们的身体经常被视为阻碍我们在虚拟互动中获得乐趣的一个因素……在网络文学中，身体常常被称为'肉身'，因为它是包裹在心智周围的'死肉'，而活跃的心智才是'真正'的自我。"[108]

这样来看，网络技术的发展似乎毫不犹豫地遵循了柏拉图所指出的通往真理的道路。柏拉图曾写道："我们找到了一条捷径，引导我们和我们的论证得出这么个结论——我们追求的既是真理，那么我们有这个肉体的时候，灵魂和这一堆恶劣的东西掺和一起，我们的要求是永远得不到的。"[109]

毫无疑问，上述两条道路非常相似，仿佛相较于受物质拖累的现实世界，柏拉图早已预见到了虚拟世界的纯净。唯一的(且不容小觑的)差异就是柏拉图所谓"超越肉体"的原因，是肉体感官传递的信息因人而异，甚至对于同一个人来说，随着年龄的变化，肉体感知到的信息也会不同。因此，这些信息难以构成对所有人都适用的普世性的智慧。为了达到这一点，根据柏拉图的理论，灵魂要有能力超越肉体的局限，掌握心智构建的抽象模型，也就是我们所谓的理念、数字、度量等概念。灵魂与肉体的二元论由此诞生，在第一部分中，心理学就是通过这种心身二元论对情绪的意义进行了解读。

同样，虚拟技术也忽略了人的肉体，因为只有这样，人们才能表现出居住在我们理性部分的"真实自我"。不过，我们在这里讨论的并不是"真理"，而是"爱"。这种爱是通过情绪来表达的，而情绪的根源来自肉体：心跳加速，说话磕磕巴巴，脸颊绯红，目光犹豫，甚至流泪，所有这些反应都表明了肉体在情绪中的参与，尤其是在爱情中的参与。对此，耶路撒冷大学的社会学学者伊娃·伊卢兹提出了她的疑问："如果互联网彻底抛弃了肉体，或者将肉体置于次要的地位，那么，它又如何能够塑造出情绪呢？更确切地说，技术是如何重新塑造情绪与身体之间的联系的？"[110] 在我看来，唯一的办法就是放弃柏拉图提出的灵魂与肉体的二元论模式，并转向我们在第二部分里谈到的新模式——"肉体向世界打开，为世界所吸引，并与世界展开互动"。

在约会网站上，主体的"自我"必须对自身进行观察和反思，下一个自我定义，由此才能形成对理想伴侣、爱情和生活方式的观点和偏好，进而选择想要约会的对象。可以看出，在这个过程中，"个人资料"的创建是十分理性的，人们通过心理学的抽象范畴和适当的语言工具将自己客体化，外化自己的主观性，从而在公众面前呈现出一个公开展示的自我形象。

而这些，正是虚拟爱情与浪漫爱情存在根本不同的原因。具体来说，传统的浪漫爱情并非以"自我认知"为起点，并不会始于一篇"自我展示的文本"。相反，在为虚拟爱情创作文本的过程中，我们先是通过自我观察，完成了对自身的客体化，再由语言描述出来。

此外，在浪漫爱情中，吸引力不需要自我觉察，重点在于深入地了解他人。更重要的是，浪漫爱情不会像虚拟爱情那样，将自己视为商品公开展示出来——一旦人们开始公开展示自我，约会平台便会化作买卖爱情的市场，人们必须在自我介绍中突出自己最有吸引力的地方，就像销售人员在推销他们的产品一样。

伊卢兹称这种现象为"情感资本主义"。在她看来，"这是自我语言与市场资源逐渐融合的结果，在这一过程中，情绪已经成为可以被衡量、诱导、讨论、谈判、量化和商品化的实体。……认知体系引导着我们去探索灵魂的最深处，它在教会我们情绪的同时，又量化了我们关系，使我们的关系变得可交换、可替代……并且大刀阔斧地推动了市场规则在个人生活领域的渗透"[111]。

在约会网站上，个人资料之后紧接着就是"照片"。在照片里，我们的肉体以静态图像的形式出现，没有什么动作——但动作才是肉体特有的语言，也是浪漫爱情中吸引力的源泉。此外，用照片展示自己，会促使人们摆出模特的姿势，模仿那些标准化的"美"与标准化的身材，从而抛弃原本自身外貌的特点，反而助长了时尚产业的推广与发展。

　　当互联网鼓励人们像在市场选购商品一样寻找伴侣，人们出于或多或少的竞争意识，难免开始对照片进行修饰。在供需法则的推动下，人们对自身形象的接受度越低、越不确定，对照片的修饰就越频繁。

　　因此，在虚拟世界，爱情不仅要求理性化的自我展示，还需要人们借助照片来建构自己的形象，而这恰恰与浪漫爱情的自发性完全相反。浪漫爱情会突如其来地闯入一个人的生活，不需要任何的理由或原因，是非理性的，其情感不需要依赖先前的认知。浪漫爱情能够识别出爱人独特的个性，而虚拟爱情则需要大量"可替代的接触者"作为养分，类似于我们对商品的消费。这样的方式最终会让人逐渐远离情感世界。

　　尽管约会平台上的选择很多，或者说，正因为选择很多，在交换了资料、照片之后，我们最终才会电话交流。通话时，我们的态度会通过说话的语调显现出来——语调是一种区分的信号，可能会激发出感情，也可能让这段虚拟关系走向终结。此外，现实中的见面往往会伴随着失望，因为我们在自我展示时，往往会过于强调甚至只展现出了正面的方面（而这并不符合现实）。同时，内心的欲望与幻想让我们产生出期待，促使我们不断地理想化对方，直到我们真正站在一个有血有肉的人面前。顷刻间，所有的幻想都破灭了。

这种失望其实很具有启发性，因为它告诉我们，尽管柏拉图模式在两千年来一直占据主导地位，如今还借助"强调理性认知"的互联网平台再度回到我们的视线，但柏拉图模式中灵魂所"看到"的肉体，与真实的肉体体验并不相同。真实的肉体能够通过声音、目光、手势和姿态，展示出"鲜活生动的情绪"，而这些情绪，都是纯粹的理性认知所无法理解的。

因此，如果我们想要理解"什么是情绪"，就不能从柏拉图的"灵魂与肉体的二元论"出发，不应从心智、心理学的角度来描述情绪（我们在本书第一部分中讨论过这一点）。相反，我们应当采用现象学的观点，就像胡塞尔、海德格尔、雅斯贝尔斯、萨特、梅洛-庞蒂、博尔尼亚等人所提出的那样（我们在本书第二部分中讨论过这一点）。在现象学观点看来，我们鲜活的肉体从一开始便对世界敞开，这种开放性会立刻唤起"吸引"或"排斥"的情绪,不需要理性在其间充当媒介。

例如,梅洛-庞蒂曾指出,当你看到一个人时,你所感觉到的远比你对那个人的了解更重要。如果这是真的,那么与其在网络上看那些"自我主观客体化"的个人资料,还不如亲自见面时的感受来得重要。在现实中,人们走路的方式、握手的力度、就座的姿势、说话的语调、听别人说话时的目光,任何一个微小的细节都足以引发我们的感受。

这些感受往往是个体无意识的产物,但却比所有"有意识交换"的语言信息都更具决定性。因为肉体的表达是不自觉的,在我们浑然不觉之间,它已经向对方传递出比我们想象的更重要的信息。

事实上,我们的肉体所传达出的信息是任何照片都无法比拟的,照片将我们的肉体定格于没有生命的静止画面,而现实中的肉体则是鲜活的,会被周围的环境所调动、刺激并吸引,与照片里的形象毫无关系。正如欧文·戈夫曼[112]所言,这也就解释了为什么在个人生活与社会交往中,人与人之间相互的吸引与排斥总是由肉体来承担——这里的"肉体"不是科学或心理学范畴的肉体,而是生活世界中鲜活的肉体本身。

在恋爱过程中,对人或处境做出快速判断的能力并不属于那个"权衡利弊的自我",而属于肉体。肉体的"感觉"能够立刻摸索出最快、最有效的决策,因为它不需要走心智的"长路"。相反,心智想要做出选择,就必须根据自己的需求和期待,为心中的"理想型"列出一张抽象的、不切实际的标准清单。这种肉体之间"即时感知"的能力,或许就是我们日常所说的"擦出火花",正是"火花"的存在,区分出浪漫爱情和通过互联网产生的虚拟爱情之间质的差别。

毫无疑问,互联网为我们创造出许多以前从未有过的新的机会,帮助人们建立起新的联系。然而,过去的人际关系是以情绪和肉体接触为支撑的,互联网则并不具备这些。此外,浪漫爱情的吸引力往往是通过视觉和肢体上的"认同"所产生的,而资料中填写的文字和展示形象的照片,无疑会干扰感性的判断,削弱了"浪漫吸引"的可能。

其实,这种"认同"在不使用言语表达的情况下更容易出现,原因很简单,因为它不需要"解释为什么会发生"。不仅如此,当爱情降临时,相爱的两人必须排除一切理性因素的干扰,才能真正地体验爱情。理智的干扰会悄悄剥去爱情神秘的面纱,而爱的神秘感只有肉体才能体会,心智则永远无法理解。

第四部分

关注数字原住民的未来

即使我们无法掌控自己的命运,也不应放弃对它的监控。

——弗利奥·科隆博,《电脑中的孔子:不同寻常的未来记忆》(1995)

20

网络不是"工具"，网络是"世界"

我们不应该忽视对数字原住民未来的关注，因为他们还没有意识到，自己日常接触的通信设备不是可以随心所欲使用的"工具"，而是另一个"世界"。当他们进入这个世界的同时，这个世界就已经影响了他们的思维和感知方式。

而这意味着什么呢？如果说，工具的功能取决于人们的自由选择，而工具在其中充当"媒介"的角色，那么，我们桌上的电脑也是一个"工具"吗？就像用来钉钉子的锤子，用来拔钉子的钳子一样？对此，京特·安德斯做出了回答："世界上并不存在单独的设备。只有一个整体才是真正的设备。每个单独的设备本质上只是整体的'一部分'，是一颗螺丝，一个系统中的零件。这个零件既能够满足其他设备的需求，同时，又会给其他设备制造出新的需求。将这个设备、这个'宏大的系统'形容为'工具'，认为我们可以自由决定它的用途，这样的想法其实是毫无道理的。这个设备系统就是我们的'世界'。而'世界'与'工具'具有本质的差异，它们不属于同一个类别。"[113]

因此，网络不是"工具"，而是一个"世界"。我们没有其他的选择，要么参与其中，要么完全置身其外。同时，一个人的退网并不会带来任何改变：如果整个现实生活，从工作到私人生活，都是在互联网上流动的，那么没有联上网络的设备就意味着被排除在了工作和私人生活的世界之外。

我们购买电脑的自由其实已经被剥夺了，电脑成了必需品，因为我们没法不参与到网络的世界中。而网络世界正如安德斯所言，"我们看到的越多，能够发表意见的机会就越少"，让我们沦为了可怜的"偷窥者"[114]。"世界纷乱的碎片从我们的屏幕中接连不断地闪过，而这些碎片间的联系我们却不得而知"，我们渴望知道更多的信息，但只有理解了信息之间的内在关联，才能够真正地认识世界。

面对这样的局面,任何形式的"拒绝"都是可悲且徒劳的,但另一方面,我们也必须对其保持警惕,持续关注。当网络已然成为一个"世界"时,即便我们无法阻挡这个趋势,也至少要搞清楚:除了"我们能用网络做些什么",在我们开始利用网络之前,网络预先对我们做了些什么? 又会在当下和未来对我们做些什么?

正如弗利奥·科隆博在其书副书名"不同寻常的未来记忆"[115]中所暗示的那样,在这个奇怪的新世界里,"记忆"有史以来第一次不再与"过去"有关,反而与"未来"有关。对此,我们不应该像以往那样,分裂为支持者和反对者两派,而应团结一致、谨慎地观察,至少避免人类历史今后在无知无觉的状态中演进下去。这种假设并非无稽之谈,正如安德斯指出的那样:"改变世界是不够的,我们无论如何都会改变世界。而且很大程度上来说,世界的改变甚至不需要我们的参与就会发生。因此,我们的任务不仅是去改变世界,还要去解释世界。这样世界才不会在我们意识不到的情况下继续变化,最终变成一个没有我们的世界。"[116]

21

被网络"编写"的我们

当我们只在网络世界活动时,现实世界便会逐渐失去其意义,一旦关闭电脑或手机,就会感到一种可怕的空虚。因此,我们无论走到哪里,都会随身带着这些"通信工具",仿佛它们是我们的"生命维持装置"。我们现在的处境就像安德斯在《给孩子的故事》里描述的情节:

王子离开了受监管的道路,在乡野闲逛,想要独自探索世界。国王对此十分反对,于是送给儿子马车和马匹。

"这样你就不需要走路了。"他说。

"这样就不允许你再走路了。"这是上一

句话的真实意思。

"这样你就不能再走路了。"这是达到的最终结果。[117]

这段故事和我们之前讨论的有关系吗？很有关系。因为所有这些通信工具并没有让我们与真实的世界相联结，而是与世界的某种表象相联结。如果这些工具为了追求及时性与准确性，将"存在"压缩成无法呼吸的扁平瞬间，缺少了真实的时空维度；如果这些工具改变了我们体验世界的方式，把遥远的东西拉近，又把近前的东西推远；如果这些工具让我们对陌生的事物变得熟悉，并通过虚拟的方式来解读现实世界——那么可以说，这些通信工具实际上就是在编写我们，无论我们用怎样的方式去使用它们，它们都会改变我们的思想和行为。

因此，广播、电视、电脑、电话、智能手机、平板电脑、游戏机、Xbox……这些电子工具并不只是单纯的"工具"。如果这些设备在改变我们与他人、与外界事物之间的相互关系，那么，它们就是在塑造我们，无论我们使用它们的目的是什么——甚至在我们赋予它们目的之前，它们就已经开始塑造我们了。

　　特别是在网络时代成长起来的数字原住民，他们已经习惯通过社交网络分享自己的情绪，无论是快乐、兴奋、激动，还是焦虑、愤怒、烦闷和孤独。社交网络已经成为他们的聚会场地，完全取代了现实中的相遇。

　　然而，有些人使用这些平台并不仅仅是在玩电子游戏，还会在线上嘲笑、威胁他们的同伴，对同伴进行网络欺凌。另外，有些人还会通过性短信（sexting）等方式拍摄照片和视频来展示自己的肉体，以此获得最低程度的自恋满足。更可悲的情况是那些完全脱离现实世界的"隐藏青年"①，他们永远待在自己的房间里，只保留虚拟世界中的社会关系，以此自我麻痹，获得些许的安慰，从而减轻他们的精神焦虑。此外，还有一部分青少年为了证明自己的力量和勇气，在 TikTok 软件上和其他网友一起玩"死亡游戏"——这种极端的行为甚至会危及他们的生命。

---

　　①　hikikomori，来自日语，又被称为"家里蹲"或"茧居族"，特指生活在狭窄的空间之中、不出社会的年轻人群。

22

网络改变了我们的思考和感受方式

1. 网络如何改变我们的思考方式

尽管技术设备是由人类发明的,但客观地讲,当今的科技产品所具备的"人类智能"已经远远超过了单个人类个体的能力。计算机的记忆能力显著地优于我们,虽然我们总觉得它的记忆方式"很笨",但仅仅是因为我们经常使用它,它便已经开始改变我们的思维方式。在计算机的影响下,我们原本"问题导向"的思维正在逐渐转化为"二元化"思维,就像计算机"0"和"1"的二进制系统,面对问题,我们只能说"是"或"不是",最多再加一句

"我不知道"。

　　然而,人类思维的进化恰恰是在超越了这种二元模式后才得以实现的。实际上,原始的思维方式就建立在二元对立之上:天对地、日对夜、黑暗对光明,早期的思维方式中只有两个参考的维度。发展到后来,我们便逐渐开始以问题为导向,用更加复杂的方式进行思考。而如今,我们的思维又再度回到了二元逻辑之中,这种思考方式渗透到了生活的各个方面,在智力问答节目中、在毕业考试里甚至在大学入学考试中都屡见不鲜。

　　受到二元逻辑的影响,我们不再理解什么是美,什么是善,什么是道德,什么是正义,什么是神圣——我们只会理解什么是"有用的",因为只有"有用"(无论是经济上的还是技术上的),才符合我们的计算思维。正如海德格尔所说,"思考即计算"(Denken als rechnen),而这种计算也成了我们唯一的思维模式。对此,海德格尔写道:"真正令人不安的并非世界完全落入技术的掌控中,而是人类丝毫没有为这种根本性的变化做好准备。更加令人不安的是,我们还没有能力通过一种沉思的思维方式(besinnlich Denken),与我们这个时代不断浮现出的新事物进行适当的对话。"[118]

2. 网络如何改变我们的感受方式

我们的情绪和感受是对周围环境(Um-welt)做出的回应,周围环境包括我们出生的地方、长大的地方,以及我们培养、建立起人际关系的地方。然而,网络的出现让我们接触的范围扩展到了整个世界(Welt),此时的我们又该如何应对呢?如果我们的亲人去世,我会哭泣;如果我们的邻居去世,我们会向他的家人表示哀悼;如果有人告诉我们,世界上每秒钟就会有八个孩子被饿死,我们会感到十分难过,但对我们每个人来说,这个信息最终不过是个统计数字。就像在疫情期间,我们每天都会在电视上听到死亡人数的报道,但很难讲这些报道究竟牵动了我们多少的情绪。媒体向我们展示了一个过于宏大的事件,大到超越了我们情绪感知的极限,使我们无法再做出任何反应。正如安德斯所说:"过于庞大的事件会使我们变得冷漠。"[119]为了避免面对"事态无法改变"的无力感,我们最终选择了"忽略"。因此,即便是在情绪维度上，我们也已经无法应对"技术"事件。

　　种种现象都在向我们表明，技术已不再是可供人类使用的"工具"，而是我们所居住的"世界"，而生活在其中的我们也因此发生了改变。技术的诞生标志着人类历史上全新的，也许是不可逆的转折点。正如安德斯所警告的那样，在当今时代，问题已经不再是"我们可以用技术做些什么"，而是"技术究竟可以对我们做些什么"。

23

网络中的情绪

如今,数字原住民眼中的广场不再是现实中的公共场所,而是社交媒体上的虚拟空间。他们不太喜欢通过言语来表达自己的情绪,或是分析自身的经历与他人交流。相比之下,他们更偏爱亲身体验,在他们看来,情绪最好是去感受、体验、回忆,而不是像数字时代之前的传统小说家那样,通过分析性的叙述将情绪转化为各式各样的语言结构。对这些数字原住民来说,纯粹的现实并不是通过言语来表达,而是通过完整的情绪来呈现的,就像音乐给人们带来的情绪体验。

对电脑的依赖会增强人们的孤独感,从而影响人们的社交行为。早期的数字原住民会使用

"颜文字"（emoticon）来表达情绪，利用一系列排列成不同表情的字符组合，以简化的方式来表达情绪。随后，人们又转向了"笑脸图"（smiley），也就是那些能够表达情绪状态和内心感受的笑脸图式。就这样，人们从以书写为主的沟通方式，转向了表情符号（emoji）。在我看来，这似乎是一种对人类历史早期阶段的回归，那时的交流就是通过洞穴雕刻和洞穴画来完成的。甚至那些还不会写字的孩子也可以使用这些表情符号，他们可以通过笑脸、小动物或是猛兽的小表情来表达自己的情绪。

　　表情符号的使用并不会随着年龄的增长而改变。一张脸代表悲伤，一张脸代表快乐，一张代表愤怒，还有一张代表无聊或冷漠——一系列表情符号通过一种强迫性的方式，促使人们外化自己的情绪。当这些表情不足以传达内心的情绪时，人们还会选择发送语音信息，或者通过 Instagram、WhatsApp 等软件分享自己的照片。尽管他们迫切希望通过表达来释放情绪、减轻心理负担，但这种现象恰恰反映出，人们不仅难以向他人描述自己的情绪，甚至连向自己表达内心也会感到力不从心。

然而,这种沟通方式的根本性转变,会导致"物理现实"的边缘化,以及"虚拟现实"地位的提升,随之而来的便是社会交往的急剧减少,进而产生一系列由个体与电脑关系而引发的心理问题。

1. 去现实化

毫无疑问,长时间沉浸于数字世界最大的副作用就是削弱了我们对"现实"的感知、在现实中灵活应对问题的能力以及对现实中困难的认识,这些难题与虚拟世界的便利形成了鲜明的对比。对于数字原住民来说,在他们所处的年龄阶段,理解现实与梦想、想象和欲望之间的差异是至关重要的。然而,数字世界压缩了时间与空间,为了"虚拟"世界,"现实"中最为宝贵的部分可能会完全消失。

弗洛伊德曾将这个成长的过程称为从"快乐原则"向"现实原则"的过渡[120],如果不促使自己完成这一转变,就会导致青春期一再推迟,直到成年之后才发现自己因为没有经过锻炼,难以适应社会的规则。

拉法埃莱·西蒙尼曾在克利福德·斯托尔的书的后记中写道:"我们还没有意识到吗?信息技术所推动的知识传播其实是'前所未有'的一道障碍,阻碍我们与现实接触。通过虚拟软件,我们不必出门便可游览罗马,不必湿身便可潜入海底,不必真的受伤便可以玩暴力游戏。但这些是真实的吗?还是说,它们更适合在形势紧急或资源匮乏的情况下,作为一种应对的方案或替代品?在我看来,这种信息化认知技术是一种极端的'去现实化',是一种用'不真实'取代'真实'、用'虚拟'取代'现实'的方式,'模拟'那些我们无法去做或不愿去做的事情。在未来,我们一切的行为是否都会简化为坐在电脑前对着屏幕敲键盘?我不由得感到十分恐惧,并且看到这样的未来正在不断威胁着我们,向我们逼近。"[121]

2. 去社交化

长期沉浸于数字世界不仅会引发去现实化的倾向,还可能导致去社交化的后果——这是源于人们依赖网络生活、工作和交流而产生的"群体性孤独"。实际上，当一个人可以与电脑互动时，他就自然会更少地与朋友交流，更少与他人分享自己的生活，从而导致社交参与度的逐渐下降。

虽然通过互联网，我可以在美国或澳大利亚交到朋友，但这些友谊到底有多深呢？我们又该如何保证在面对面时有话可说？它从我们的真实生活中夺走了多少时间，夺走了多少我们本来可以与周围人建立的关系呢？在虚拟世界，我们以为用邮件、语音、短信、WhatsApp这些简短的、呆板的文字消息就可以交流。然而，当我们用不露脸的虚拟社区来替代邻居、同学、酒吧好友这些现实的社群时，又会带来怎样的后果？

这个时候，我们的社交能力会受到影响吗？会导致我们变得更加孤独、抑郁或者害羞吗？今天的我们已经失去了面对面沟通的能力——在面对面交流中，我们不仅能听到对方说的话，还能感知到他们的情绪，体会到其情感的质地，体察到一切身体语言传达的内容，这些都是无法通过文字来表达的。这样的交流有助于塑造个体的身份认同，有助于培养个体的性格、信心、决心和毅力，而这些都是从互联网上获取不到的。

但如果现实世界在屏幕前消失，如果社交成为贫瘠的盐碱地，当数字化计划渗透到校园，学校被各种电脑设备所充斥时，我们是否真的能培养出能够应对西方社会复杂性的学生？

第五部分

学校的数字化

以及情绪和情感的教育

我并不恐惧计算机,毕竟我从 60 年代中期就开始编程了。……商业公司浪费巨额的资金,购买那些用处存疑的炫目的设备,我并不在乎;但看到我们的学校也在主动投入科技的浪潮中时,我不由得感到愤怒。大批的教育工作者像绵羊一样争相为学校铺起了电缆。与此同时,语文老师还要面对那些几乎不识字的学生,他们连两行通顺的句子也写不出来。……一台电脑取代不了一位好老师。五十分钟的课时并不能压缩成十五分钟的多媒体教学。那如果电脑能取代那些不好的老师呢? 不,不如解雇他们,去雇用合格的老师。

——克利福德·斯托尔,《高科技异端者》(1999)

24

从"智人"到"视觉人"

校园的数字化是否与情绪、情感的教育相冲突？

我认为是的。不仅仅是因为数字世界会造成我们之前提到的"现实感和社交能力的缺失"，更重要的是，数字化可能会导致心智倒退，无法在学生的内心中塑造出一个情绪与情感的世界。

人类的文化进程可以分为三个阶段。

第一个阶段是史前时代。那时，我们的祖先通过雕刻和壁画的方式来表达他们的思想、情绪和世界观。站在我们今天的角度看，这是一种通用的、模糊的、具有整体性的表达。

随着文字的出现，人类过渡到了第二个阶段。

此时的人类摒弃了图像化的世界观,转而使用一系列线性的视觉符号来传达相应的意义。例如,当我读到"cane"(狗)这个词时,其意大利语的书写形式和发音与"狗"本身没有任何关系。因此,想要阅读这些字母符号,就需要进行一定的思维训练(而图像语言的理解则不需要训练)。自此,我们的思维方式发生了根本的变化:从"整体性""综合性"转变为"分析性""结构化"和"序列化"。就这样,语言工具的演变引发了难以想象的文化传播。

今天,互联网的数字原住民们已经进入了第三个阶段。他们对事物的认知(不论事物本身复杂还是简单),都不是通过阅读得来的,而是通过电视、电影、电脑屏幕看到的,或是通过别人的叙述、通过广播甚至通过耳机听到的。

"我没读过这本书,但我看过它的电影"——这往往是他们不读书的借口。但在这句话的背后,又隐藏着人们思维方式怎样的变化呢?

显然,"看"比"读"要容易得多。因此,正如乔万尼·萨托利[122]指出的那样,"智人"作为一种能够理解符号语言、处理抽象概念的生物,最终将会被"视觉人"取代。后者不再是思想的传递者,而是图像的消费者。随之而来的则是理解力、推理能力和批判性思考能力的降低。

"线性智能/顺序智能"(intelligenza sequenziale)需要严格的顺序来分析和解读线性排列的文字符号,是我们通常用来阅读的智能。这种智能构成了西方认知文明的基础,直到前几年还被人认为是一种"最终的进化形态"。然而,随着与图像相关的"同步智能"(intelligenza simultanea)回归,前者正逐渐面临着危机。"同步智能"是我们通常看画面时所用的智能,面对一幅画面,我们很难说该先看哪部分,后看哪部分。

与此同时,电台、电话和有声书再度让"听觉"的地位优先于"视觉",而电脑则将视觉功能从符号理解拉回到简单的图像感知。屏幕上的图像一帧接着一帧飞速地闪过,我们的智能也从一种形态退化回更为基础的另一种形态。

在这种倒退中,最显著的变化之一就是"思维节奏"的变化。拉法埃莱·西蒙尼[123]曾指出,在我们读书时,阅读的节奏是自主驱动的,而收看节目时,观看的节奏则是由播放者所驱动的。观众不得不跟着表演的节奏走,这就导致了理解力的下降,因为和阅读不一样,观看者没法随时暂停,来确认自己是否理解了所看到的内容。

　　想要阅读,就必须保持一种专注、沉静、孤独的状态,而观看则可以是一种集体的、社交性的行为,人们甚至可以在观看时同时做其他事情,而这些并不利于自我的反思与深入思考。此外,与阅读文字不同,图像的直观性会在我们看到的瞬间立即引发我们的情绪反应,而我们一旦被情绪所捕获,就没有足够的时间在脑海中进一步加工。观看的难度是无法与阅读的难度相抗衡的,因此,与书籍相比,视觉媒体似乎是对我们更"友好"的媒介形式,因为它不需要我们太多的付出。

　　现如今,我们的学校必须面对两个全新的问题:首先,学校教学的对象已经不再是传统意义上的智人,而是越来越多的视觉人,其心智结构已经发生了显著的变化;其次,今天的学生相比过去,更难跟随线性智能的思维方式进行思考——而学校几乎完全依靠这种思维模式来传授知识。面对这样的时代变化,我们并没有现成的对策,只有迎接思想的挑战,不断地耐心尝试,才能获得真正的解决方案。

25

校园的数字化

我对科技发展并无异议,也并不害怕电脑本身。但是,对于为每个学生配备电脑的教学规划,我感到十分担忧。在校方看来,仿佛引入新的技术就能解决当今困扰学校教育的严重问题。

互联网先驱克利福德·斯托尔也和我有着同样的隐忧。自 1975 年以来,在斯托尔的见证和参与下,互联网从一个默默无闻的研究项目开始发展,最终演变成如今这张覆盖全球的网络。不过,在三十年的倾力投入之后,斯托尔成为当代互联网最严厉的批评者之一,被比尔·盖茨称为"魔鬼的代言人"。

在斯托尔看来,"教育"与"计算机知识的普及"是两样完全不同的事情,而前者远比后者要严肃。学校实在是太重要了,它是社会的未来,而社会的未来不应随意地托付给那些新科技的狂热分子,以及电脑软件的制造商们。

当教育界正忙着推进校园的数字化进程,当新任的教育部长、校领导和老师想要与时俱进,忙着为学校铺设电缆的时候,我们至少应该呼吁大家带着批判性的态度,进行适当的反思,回答斯托尔提出的那几个难以逃避的问题:"在引入新技术的同时,我们失去了什么? 谁被边缘化了? 现实中哪些重要的部分可能会遭到忽视? ……'获取信息'和'拥有智慧与判断力去解读信息',两者的差别在哪里? 数字化并不能培养批判性思维,而缺乏批判性思维是否会让年轻人混淆形式与内容、感觉与感知能力、数据的量与思考的深度? ……一台电脑取代不了一位好老师。五十分钟的课时并不能压缩成十五分钟的多媒体教学。……我们至少要问问自己:把互联网引入到校园中,究竟解决了哪些问题? 而越来越多花在电子设备上的时间,又会引发怎样的问题?"[124]

基于这些问题,斯托尔划出了一条非常明确

的界限：学校的任务并不是提供资料，也不是提供没有过程的答案，而是让学生去掌握研究的方法和判断的能力。有了这些，学生们自然会很容易获取信息并得出答案。但如今，斯托尔已经观察到，"有了数字技术，解决问题只需要敲敲键盘，学生们不用思考概念就能够得到答案。有了直接得出的具体数字，他们便不再需要理解如何去表述抽象的数量。面对数学问题，他们自然会放弃亲自计算，而是让电子设备来完成，因为计算器不需要他们做任何思考就可以输出答案。就这样，最开始为了强化数学理解发明出来的工具，现在却成了'数盲'的拐杖。……如此，有些学生不会心算乘法和除法也就不足为奇了。他们太过依赖计算器，以至于算术几乎从他们的认知里消失了。他们能做的只是敲敲按键，看看结果，然后接受机器给出的答案"[125]。

以前，孩子们从一年级就开始学习算术的基础知识。学习数字计算主要是用于购物、找零和衡量收支，以保证自己没有入不敷出。而到了今天，虽然这些事情依旧存在，但与过去相比，我们在生活中需要计算更多的数字来缴税、交路费、还抵押贷款。简而言之,就像皮耶尔乔治·奥迪弗雷迪[126]多次强调的那样,现代生活需要比以往更多的数字计算,而我们因为把这些都交给了数字设备,自身已经失去了处理数字的习惯。这也就意味着,我们不再是原来自给自足的独立个体,而是把自己托付给了斯托尔口中的"技术假肢"。

手写文字也面临着同样的冷遇。如今,人们不再看重书法和语法的教学,取而代之的则是对计算机文字处理的重视。导致的结果便是,只有极少数的当代大学生还能够思路清晰地写作,写出结构严谨的句子、逻辑完整的论证(前提是他们的文章里有论证)。

或许是因为从计算机那里学会了用二进制的方式思考,如今的年轻人只会说"是"或"不是"。对重要的问题发表意见时,他们要么"赞成",要么"反对",没有中间地带,没有困惑不解,更没有看到这种"二进制"答案背后更复杂、更丰富的现实景象。想要深入理解这些现实,要走的路比互联网的"信息高速路"复杂得多,因为那些"高速路"建设的初衷似乎就是为了让用户看到别人为他们决定的内容。深入的思考不仅需要大量的信息,还需要人们的分辨能力、判断能力和决策能力,当校园已经被电脑所占据时,这对于能力的培养来说无疑是雪上加霜。

这会不会是一种管控大众的方式？表面上创造出人人自由的假象,暗地里却将社会个体单一化,使其泯然众人矣。人们看似在自主选择,实际上都是在一个已经被预先"阐释""编写"过的世界里消费并生活。数字化的校园培养不出他们的判断能力,因此,人们无法真正自己做出决策。

提出这些问题并非要求得一个答案。对于这些疑问,即使拥有强大计算和模拟能力的电脑恐怕也无法回答。讨论这些问题的目的在于抑制住这种伴随着"校园数字化"而来的、毫无节制的热潮,开辟出一片不受二进制代码支配的思考空间——因为在思考、推理,甚至仅仅是表达的时候,那些字母表上的字母都要派上用处。

我无意苛责互联网的发展,毕竟它前所未有地创造出与他人建立联系的机会,但我想要提醒的是,网络可能会让我们疏远自己真实的情绪,取而代之的则是那些看似是情绪,实则更像是幻觉的东西。这些幻觉正是我们逃离现实,进入了虚拟世界之后的典型产物。而这一切都在我们不知不觉中悄然发生。

26

教学与教育

意大利的学校会教学,但并不会教育,其中既有客观原因,也有主观原因。我们接下来就将深入探讨这些原因。事实上,虽然学校执行的是教育部规定的课程,很多老师也认为教育不过是教学的自然产物,但实际的情况远非如此。不如说,教学其实是教育完成后的可能产生的结果之一。

所谓"教学",是指将文化和科学内容从知识的拥有者(教师)传递给没有这些知识的人(学生);而"教育"则是发现每个学生智力的特殊性,并且关注他们的情绪状态。其实众所周知,当情绪需求得不到满足时,我们是无法真正学习的。无论是忽视情绪的存在,还是过于仓促地处理情绪,都只会适得其反。这正是学生在校园里面临的最大的风险。学校为学生提供了数百年文化积淀而成的典范,给予学生最高层次的身心体验,但如果这些典范的熏陶仅仅停留在心智层面,而没有真正地启迪心灵,学生的心灵就会迷失方向,从而陷入一种焦虑而抑郁的空虚中,即使是年轻人吵闹的音乐声也难以掩盖这种空虚。

在这里,"心灵"指的是在成长过程中开启生命的东西,是一股不稳定但充满动力的力量,指引着生命不断前行。没有了它,年轻人便难以鼓起勇气继续前进。因此,学校传授的知识不应该压制这股力量,而应当服务于它,使它在不同的情景、规划、投资和兴趣中得到更加全面的表达。归根结底,生活才是根本,而知识不过是更好地生活的工具。

然而,当知识本身变成了目的,而成绩变成了衡量标准时,不论学生在什么样的条件下尝试表达自我,学校都注定会失败。这样的系统会磨平、压抑学生的个性,追求一种假定的客观知识,而这些知识更多是让老师拥有了身份认同感,而不是那些迫切寻找自我认同的学生。

在这种情况下,仅仅靠老师与家长交流时总说的"学习意愿"是无济于事的,因为我们都知道,没有兴趣就不会有意愿,而兴趣是与情感纽带分不开的。当学生的心理偏离了老师预期的心理模式时,师生之间就很容易缺乏信任,甚至完全不理解对方,这样,情感纽带就没法建立起来。这样的方式虽然可能避免了学生辍学或做出极端行为,但却可能导致学生丧失生活的动力,打击年轻人的自尊,甚至引发身份认同的危机。

众所周知,并不是生活在世界中、用"我"来称呼自己,就会拥有身份认同。相反,身份认同是在他人的认可之上建立起来的。我可以毫不犹豫地说,身份认同是社会赋予的礼物,对社会中的每个人来讲,都是一种必要的需求。如果缺乏他人的认可,学生的身份认同就会在学校之外的其他地方建立起来,那些在校园里表现糟糕的学生们就是如此。如果能去的地方只剩下街头,那么他们就会从街头获取认可,尽管这种认可只能达到"街头"的水平。为了满足身份认同,人们在最极端的情况下甚至会选择性与毒品,因为在那个时候,没有更合适的方式能够满足他们的内心需求。

　　因此，我们可以清楚地看到，如果没有预先建立起身份认同，没有深入理解欲望的复杂性，没有面对每个人都经历过的挫折和压抑的问题，我们就不可能真正开展教育。

　　我们每个人都经历过青春期。青春期的发展是由"欲望"所驱动的，欲望在此时达到了巅峰，没有欲望的青春期意味着存在的缺失。但与此同时，我们每个人都明白，欲望总会被"现实"否定，因为现实并不是为了满足欲望而构建起来的。于是，便出现了两种可能的态度：要么摒弃现实，创造一个幻想中的世界取而代之；要么任由挫败感发展下去，持续地消解掉身份认同。

　　"逃避现实"的过程非常复杂且危险，但很多老师却只把它看作是"分心"："您的孩子总是不专心。"似乎只要老师提醒一下，学生就能够坦然接受他们与内心欲望的对峙，就能够放弃幻想——而这只会让他们的欲望在现实中爆发，就像亚里士多德在《诗学》中描述的那样。显而易见，"分心"是一个很严肃的问题，如果"白日梦"展现出人们面对现实的无力，那么"街头梦"则很容易被缺乏社会认可、无法融入现实的人们所接受，他们需要发明出这个虚幻的梦想来替代现实,从而在某种程度上感受到自身的存在。

在这种现实与欲望的冲突中,青春期的学生们如果没有逃避现实,就必将面对"挫败"。挫败感对成长十分重要,但就像所有治病的药一样,需要适量服用。如果挫败感过强(考试打着"客观"的旗号,给学生打出过低的分数,却丝毫没有意识到分数背后是学生努力尝试的结果),那么年轻人就会转而去其他方向努力寻找认可,因为没有认可就无法建立身份认同,也就无法继续生活。于是,青少年就会转向老师口中的"玩乐":"您的孩子只想着玩",老师这么说的时候却没有意识到,"玩乐"并不是真正的快乐,而是用来替代缺失的幸福。

27

智能的多样性和独特性

其实，当我们描述一个人时，不应该使用"智商高"这个形容词，因为现实中并不存在"智商"想要描述的那种聪明的特质。实际上，智能有很多种形式，而学校、心理卫生中心，包括他人的评判，通常只是对智能的限制。

例如，天赋很高的学生经常在学校表现不那么出色，这是因为学业成绩所衡量的智能模式是基于"灵活性"这个范畴，而在智能的范畴中，灵活性相当于通用性。灵活的智能，也就是"通才"，能够在各个方面表现都十分出色，但对任何事物都没有特别的倾向。因此，他们的领域能够像扇子一样展开，但往往在各个方面了解得都较为浅薄，因为没有任何东西能够让它在某一方面凸显出来。

智能的"倾向性"是一种无法通过工具衡量的特质(工具只能衡量"数量"的多寡)。没有任何老师会验证它,也没有任何心理学家会去测量它。它提供了一种理解世界的新的方式,这种方式与前一种完全不同,用两种不同的方式看待世界,就像置身于两个不同的世界之中。

那些与众不同的人——在学校表现不好的天才学生、被认为"不太聪明"的学生、在学校"辛苦挣扎"的学生、在学校偏爱的"逻辑智能"方面表现不好的学生——他们的智能往往具有很强的"倾向性"而非"灵活性",因此往往显得十分独特,不被大众所接受。在学校里,他们被推到"培养通才"的祭坛上,被扼杀掉所有的"倾向"。这里我们所批判的"培养通才",并不说它主张对书本知识的僵硬记忆,不是在批判毫无用处的"死记硬背",而是在批判我们对智能的不合理的期待——我们总会假设智能是灵活且全面的,聪明的学生会"一通百通"。

霍华德·加德纳在他的许多著作中都阐述了

"多元智能"理论[127]，在他看来，这些智能的形式截然不同，不可能以统一的、完全一致的方式去衡量。如果我们不够重视它们，那么拥有这些智能的学生可能就会失去教育系统为我们打造的、唯一一条获取逻辑智能的路径。事实上，每种形式的智能都有其特定的"天赋"，这些天赋不仅仅是达·芬奇的专属，它们属于具有特定倾向性的每一个人。从他们自身的"天赋"中，每个人都会塑造出一个只属于他自己的、独一无二的世界观。

拥有数学逻辑智能的人，看到的不是事物本身，而是它们之间的联系和相似之处。阿弗烈·诺夫·怀特海曾写道："第一个用'七条鱼'和'七天'做类比的人，迈出了人类思想史上的重大一步。"[128]在数学逻辑智能的视角下，"事物"会以"关系"的形式存在，而表达这些关系的数字，则是对整个世界的"解释"。这种智能由柏拉图开创，相传他在自己所创立的学园入口处写道："不懂几何者，禁止入内。"

拥有语言智能的人，不会因人类的差异和世界观的不同而困扰。他们能够敏锐地感知到不同世界观的差别，且不会因为这些差别而感到有负担,从而轻松地将词语从一种语言转换到另一种语言。

拥有音乐智能的人,可以将几何形状具象化为声音。音乐不是用语言来表达的,而是用听觉来感受的,赫拉克利特曾说,"看不见的和谐比看得见的和谐更美",对于拥有音乐智能的人来讲,耳朵便成为通往世界的开放空间,用来捕捉那些"看不见的和谐"[129]。通过音乐智能聆听人们讲话时,词语会在声音中获得它们的意义。此时,占据主导地位的已经不是词语本身的含义,而是它们的声音和语调。通过这些音调,我们能够领略到世界背后的隐秘奥义,它难以用语言表达,只能靠听觉来感知。

空间智能能够展现出一个逃离了平面坐标的世界,"动态"地塑造出视觉、听觉和情绪上的空间。例如,对于水手来说,大海并不是客观的空间,而是一个由力的线条(洋流)组成的场域,又被划分为不同的范围(航线),这些力量和范围促使他发出特定的动作,在不知不觉间支持他前进。如果航海者的目光与目的地神奇地相连,那么,他随之发出的动作和力量便会驱使他到达彼岸。此

时,通过肉体的感官,这位水手的空间智能在环境
与行动的辩证关系中悉数体现。

　　此外,还有一种身体智能,它的存在不是为了
探索世界,而是为了居住其间。居住并不是认知,
而是"感到自己在家",感到自己被一个不忽视我
们的空间所接纳。我们周围的物品记录了我们的
生活经历,我们周围的面孔也是熟悉的,从他们的
目光里还能看出上一次告别的痕迹。居住意味着
知道该在哪里撂下外衣,在哪里坐下吃饭,在哪里
与他人会面——不是在屏幕里,而是面对面地交
谈。这创造了柏拉图所描述的情境:"当一个人用
他眼睛中最好的部分(瞳孔),看向另一个人眼睛
中最好的部分的时候,他看到的是自己本身。"[130]

　　最后,还有一种心理智能,它将世界视为自我
的镜像。通过投射自我的体验,根据心灵的波动
来将大自然进行分类,由此便诞生出了一个想象
的世界。诗人和神秘主义者是这个世界的忠实拥
趸,他们将我们的情绪赋予了崇高的意义,使我们
得以了解自己内心的深渊。

　　学校不应该忽视这些多元的智能,正是它们
才能挽救我们,让我们避免单一的"功能性"思

考——而这似乎正是我们如今已经不再运用智能
的原因。

28

情绪和情感教育

众所周知，所谓"本能"，其实是指主体对外界刺激的刻板回应，所以人类与动物不同，动物才有本能，而人类只有目的不确定的冲动。对于具有攻击性的冲动，我们既可以将其引向暴力，也可以将其导向严肃的立场。同样地，我们可以将性欲的冲动引向性行为，也可以将其升华，化作一首诗或一件艺术作品。其间的区别就在于对冲动的教育。动物受本能掌控，行为和目标没有像人类一样选择的可能，因此不需要这样的教育。[131]

在还没有接受相关教育的早期阶段，孩子们的冲动没法通过语言论证来表达，因此便只能用动作表现出来。所谓的"霸凌者"就是如此，他们做出许多遭人唾弃的行为，却一点也意识不到自己行为的严重性。正如我们之前提到的，康德曾说："善与恶或许不需要被明确定义，每个人天生就能'感受'到它们的区别。"[132]对于霸凌者来说，这种"感受"在他们的心中是缺失的，因为他们从来没有接受过相关的教育，帮助他们感知到行为背后通常伴随的情感共鸣。

这里我们所指的情感共鸣（我们在本书第一部分第 6 章中曾经提到过），在我们还是孩子的时候，听妈妈讲童话故事的时候就能感受得到——这里面有一些故事其实是很残酷的。不过，孩子们并不应被隔绝在"不幸"和"悲伤"之外，他们会理解自己的年龄段能够理解的部分，在未来，当他们面对生活中这样的灰暗面时，就不会感到惊讶、感到手足无措。

当我们在妈妈的陪伴下去听、去读这些故事的时候，我们通过情绪（而非理智）学会了善与恶、对与错、好与坏的区别。借助这样的方式，我们逐渐习得了情绪上的调节能力，能够"感觉"出自己的行为是好是坏，是对是错。如果没有情绪教育，我们不仅意识不到自己行为的好坏，还会一直停留在冲动的层面,从而对社会构成威胁,我们每天看到的新闻就在不断报道着这样的危险事件。

那么,我们的学校又是如何对待那些"霸凌者"的呢?对于这些心智发展停滞在了冲动阶段的孩子,学校通常会直接将他们劝退,剥夺了他们心理上从冲动层面发展至情绪层面的唯一机会。实际上,这些孩子应该得到更多的照顾和关注,需要人们帮助他们意识到自己的行为,让他们在内心真正感受到自己的行为是好是坏、是轻是重。

如果说,冲动完全是天生的,情绪一部分是天生的,一部分是由不同的文化教育引导的,那么,情感则完全不是与生俱来的东西,是在文化中习得的结果。情感是通过学习获得的。从古至今,所有的社会都一直在履行着这个责任。

早在远古时代,早期的人类部落就通过各种各样的故事、神话和仪式,教导人们纯洁与污秽、神圣与世俗的区别,以此划分出善恶的范围,并创造出一系列行为准则,规范部落成员的举止行为。在那时,"污秽"往往与疾病的传染有关,人们会十分恐惧地隔离"污秽者",最后再通过特殊的仪式、巫术或祭祀活动将隔离解除。

古希腊人将奥林匹斯众神作为一种典范和指引，展现出人类所有的情感、激情与美德：宙斯代表权力，雅典娜代表智慧，阿佛洛狄忒代表性欲，阿瑞斯代表攻击性，阿波罗代表俊美，狄俄尼索斯代表疯狂。如今，我们不再靠神话来了解情感，但我们拥有无数伟大的文学作品，这些作品向我们诠释了形形色色的爱情与痛苦，教会了我们什么是喜悦、悲伤、热情、无聊、悲剧、希望、幻想、忧郁和激动。通过文学作品的熏陶，我们可以在心中绘出一张地图，在面对痛苦时，可以依据这张地图找出应对之道，即使一时找不到解脱的出路，至少可以帮助分担我们的痛苦。或许正如埃斯库罗斯那句"并不太神秘"的格言所说的那样，"只有知识才能战胜痛苦"[133]。

我认为，在学生 18 岁以前，所有的学校（无论是技术学校、古典高中还是科学高中），都是"培养式学校"，其目的都是"育人"，即塑造学生的人格。具体的技能可以在大学中掌握，但一个没有经过培养的人，不能成为一个真正的"人"。一个缺乏理解能力和是非观的学生，即便具备专业技能，也无法胜任未来选择的职业。

　　因此，我们应当大力推行全日制教育，而非
"半工半读"的学习模式。此外，联系到我们前几
章讨论的内容，我们还应在各个教育阶段减少计
算机教学的比例，增加艺术、历史、科学、数学、哲
学和文学的教学内容。在世界全球化的今天，孩
子们应当从小学一年级就开始学习英语，此外，还
应当学习哲学，让他们从小就学会思考、提出、探
索各种各样的问题。[134]

　　我们的学校向来以"人文主义"为导向，在我
看来，这种方向不仅应当继续保持下去，甚至在技
术时代应当得到更多的加强，而非被"技术导向"
所取代。这是因为，只有人文主义的教育才能引
导学生最终走向"成熟"。不过，"成熟"（maturità）
这个词如今却被用来命名意大利的"毕业考试"
（esame di maturità），似乎学校的最终目标只是分
数，而不是学生的真正成熟。

29

一座好学校所具备的
客观和主观条件

　　正如我们之前所说,意大利的学校只负责教授知识,但并未进行真正的教育。究其原因,可以分为客观因素和主观因素。

　　客观因素实际上非常简单。按照目前意大利学校的班级设置,如果每个班中有二十五至三十名学生,想要进行真正的"教育"是不可能的,因为如果人数过多,老师就难以根据每个学生的智力水平因材施教,更无法追踪他们在情绪和情感上的发展历程,这些对于学生的学习其实至关重要。

　　如果我们参考疫情时期要求的社交距离,将班级的人数设置为十二至十五人,就能更好地一对一地关注每个学生,既考虑到他们的智力水平,也照顾到他们情绪和情感的成熟度,而这两者都是真正实现"教育"过程的先决条件。

在高中阶段,最好让父母与学生保持一定的距离,因为父母往往并不关注孩子的全面发展,而只在意孩子的升学情况。当孩子没有考入满意的学校时,他们甚至会向行政法庭提起诉讼。为了避免这样的结果,校领导和老师往往会拔苗助长,弱化了真正基于能力的评价体系,而这样的奖惩机制也使得真正努力学习的学生在学习动力上大打折扣。

这个年龄段的学生必须离开父母的保护,独立面对老师。父母的保护只会延续他们童年的状态,阻碍他们进一步成长、独立并承担责任。父母的"缺席"是一种小型的成年礼,可以将家长会替换为学生和老师的见面会,这样一来,学生就可以直接与老师进行富有成效的对话。

另一方面,不允许学校真正开展教育的主观原因其实比客观原因要复杂得多,它与教师队伍的培养密切相关。现如今在意大利,想要成为一名老师,就要通过教师资格考试。考试会评估候选人的文化素养,然后将他们列入一个排名系统,在这里,他们的得分不仅由考试成绩决定,还会受到家庭背景等因素的影响。之后,他们还要经历一系列不堪回首的"代课老师"和"临聘教师"阶段,才会最终成为一名正式的教师。

最近,一位非常关心学校问题的校长发现,在目前意大利的学校中,有四分之一的教师是兼职教学的专业人士,另外四分之一是因为没有其他选择才选择教学,而剩下一半的教师则是认真履行"义务"的教学工作者,他们工作表现平平,既无可称道,也无可指责,像士兵一样地计算着退休的时间。因此,这位校长提出,想要成为老师的人应当先在他们想要学习的领域攻读本科(获得学士学位),学习所有的基础学科,然后再接受两年的硕士教育,成为所选学科的教师。除此之外,他们在硕士期间还要修读教学论、教育学、意大利学校历史、学科历史、神经生物学、发展心理学、教学法以及新技术应用等课程。在获得硕士学位之后,这些毕业生才正式获得教师资格,并且在第一年的试用期期间接受教学能力的考验。[135]

在我看来,这是教师培养的理想方案,由于目前意大利的学校教师普遍在发展心理学方面缺乏足够的知识储备,这方面的知识对于他们日常与学生的交流十分重要。但做到这些或许还不够。为了能够更好地学习沟通,吸引学生的注意力,教师的培训还应当包括戏剧课程的学习——无论老师们喜欢与否,课堂本身就是一个舞台。

最重要的是,想要成为老师的候选人还应当接受一次人格测试,考察他们除了对学科知识的掌握之外,是否具备足够的同理心。同理心是一种与生俱来的品质,不能通过后天的学习获得,缺乏同理心的人不能也不应该成为教师。事实上,任何对求职者的面试都是一种人格测试,面试者以此来判断候选人是否适合所申请的岗位。既然如此,为什么老师可以不参加这个测试呢?

另外,我认为有必要取消教师的终身制职位制度。在教师队伍中,一些老师并不能完成自己的教学任务,无论是学生、同事、家长还是校长都清楚这一点,但由于他们拥有终身职位,学校并不能将其停职。因此,他们可能在整个职业生涯期间都在阻碍学生的发展,打击学生的学习兴趣。这种情况是可以容忍的吗?可以——如果学校的初衷主要为了解决教师就业,而不是为了教育学生。尽管老师的工资普遍较低，但由于是终身职位，他们一辈子都会拿到这样的薪资。

如果说，只有敞开心灵，才会开启心智，那么又有多少老师能够真正让学生的心灵敞开？有多少老师知道如何与学生沟通、吸引学生、激发他们的学习兴趣？我想，能真正做到的老师少之又少，如果一个学生在轮流授课的九位老师里，遇到一两位这样的老师，就已经是非常幸运的了。那么，其他的老师呢？教师是终身职位，所以他们的工资也一样吗？不要告诉我因为是理科，所以没法吸引学生——我还记得不久前，新闻报道了一位化学老师因突发心肌梗死而去世的事件，为了怀念老师，所有的学生都在自己手臂上文上了某个化学式，如"H_2O"。

注释

〔1〕 Platone, *Fedro*, 246a—d; 253c—255b.

〔2〕 D. Goleman, *Emotional Intelligence* (1995); tr. it. *Intelligenza emotiva*, Rizzoli, Milano 1996, p. 23.

〔3〕 如想更深入地了解这方面的研究，不论是日常生活角度还是临床角度，可参见：E. Borgna, *L'arcipelago delle emozioni* (Feltrinelli, Milano 2001), *Le intermittenze del cuore* (Feltrinelli, Milano 2003) e *Le emozioni ferite* (Feltrinelli, Milano 2009).

〔4〕 Ch. Darwin, *On the Origin of Species by Means of Natural Selection, or the Preservation of Favoured Races in the Struggle for Life* (1859); tr. it. *L'origine delle specie. Selezione naturale e lotta per l'esistenza*, Bollati Boringhieri, Torino 1967.

〔5〕 M. de Montaigne, *Essais* (1580—1588); tr. it. *Saggi*, Bompiani, Milano 2012, p.121.

〔6〕 Ch. Darwin, *The Expression of the Emotions*

in Man and Animals (1872); tr. it. *L'espressione delle emozioni nell'uomo e negli animali*, Bollati Boringhieri, Torino 1982.

〔7〕W. James, *What is an Emotion?*, in "Mind", n. IX, 1884.

〔8〕C.G. Lange, *Les émotions*, Presses Universitaires de France, Paris 1885.

〔9〕J. Dewey, *The Theory of Emotion*, in "Psychological Review", 1895, pp. 13—32.

〔10〕P. Janet, *De l'angoisse à l'extase*, Alcan, Paris 1926.

〔11〕J.R. Angell, *Psychology*, Holt, New York 1904, p. 26.

〔12〕J.B. Watson, R. Rayner, *Conditioned Emotional Reactions*, in "Journal of Experimental Psychology", n. 3, 1920.

〔13〕Ch. Osgood, *Method and Theory in Experimental Psychology*, Oxford University Press, New York 1956.

〔14〕R. Plutchik, *The Emotions. Facts, Theories and a New Model*, Random House, New York 1962.

〔15〕C. E. Izard, *Human Emotions*, Plenum Press, New York 1977.

〔16〕K. Koffka, *Principles of Gestalt Psychology* (1935); tr. it. *Principi di psicologia della forma*, Bollati Boringhieri, Torino 1970, nuova edizione riveduta 2006, p. 342.

〔17〕W. B. Cannon, *The Wisdom of the Body*

(1932); tr. it. *La saggezza del corpo*, Bompiani, Milano 1956.

[18] M. B. Arnold, *Emotion and Personality*, Columbia University Press, New York 1960.

[19] D. B. Lindsley, *Emotion*, in S. S. Stevens (a cura di), *Handbook of Experimental Psychology*, Wiley, New York 1951, pp. 473—516.

[20] R. W. Leeper, *A Motivational Theory of Emotion to Replace "Emotion as Disorganized Response"*, in "Psychological Review", n. 55, 1948.

[21] E. Minkowski, *Le temps vécu* (1968); tr. it. *Il tempo vissuto*, Einaudi, Torino 1971.

[22] B. Callieri, *Lo spazio vissuto* (1977), in "Psyche", nn. 3—40, 1989, pp. 59—74.

[23] H. Hartmann, *Ich-Psychologie und Anpassungsproblem* (1939); tr. it. *Psicologia dell'Io e problema dell'adattamento*, Bollati Boringhieri, Torino 1966, p. 131.

[24] W. McDougall, *An Introduction to Social Psychology*, Methuen, London 1908.

[25] R. Harré, *The Social Construction of Emotions* (1986); tr. it. *La costruzione sociale delle emozioni*, Giuffrè, Milano 1992.

[26] I. Matte Blanco, *The Unconscious as Infinite Sets. An Essay in Bi-logic* (1975); tr. it. *L'inconscio come insiemi infiniti. Saggio sulla bi-logica*, Einaudi, Torino 1981, p. 289.

[27] Ivi, p. 304.

〔28〕 K. H. Pribram, *The Biology of Emotions and Other Feelings*, in R. Plutchik, H. Kellerman (a cura di), *Emotion: Theory, Research and Experience*, Academic Press, New York 1980.

〔29〕 R. Plutchik, *Emotion: A Psychoevolutionary Synthesis*, Harper & Row, New York 1980, p. 38.

〔30〕 A. F. Ax, *The Physiological Differentiation between Fear and Anger in Humans*, in "Psychosomatic Medicine", n. 15, 1953.

〔31〕 P. D. MacLean, *The Triune Brain, Emotion and Scientific Bias*, in F. O. Schmitt (a cura di), *The Neurosciences: Second Study Program*, Rockefeller University Press, New York 1970, pp. 336—348.

〔32〕 P. D. MacLean, *Psychosomatic Disease and the "Visceral Brain"*, in "Psychosomatic Medicine", n. 11, 1949.

〔33〕 J. Panksepp, *Affective Neuroscience. The Foundation of Human and Animal Emotions*, Oxford University Press, New York 1998.

〔34〕 J. LeDoux, *The Emotional Brain. The Mysterious Underpinnings of Emotional Life* (1996); tr. it. *Il cervello emotivo. Alle origini delle emozioni*, Baldini e Castoldi, Milano 1998.

〔35〕 A. R. Damasio, *The Feeling of What Happens. Body and Emotion in the Making of Consciousness* (1999); tr. it. *Emozione e coscienza*, Adelphi, Milano 2000, pp. 52—53.

〔36〕 D. J. Siegel, *The Developing Mind* (Second Edition 2012); tr. it. *La mente relazionale. Neurobiologia dell'esperienza interpersonale*, Raffaello Cortina, Milano 2013, p. 154.

〔37〕 J.-P. Sartre, *Esquisse d'une théorie des émotions* (1939); tr. it. *Idee per una teoria delle emozioni*, Bompiani, Milano 1962, p. 121.

〔38〕 Aristotele, *Categorie*, 9b, 27—34.

〔39〕 Aristotele, *Retorica*, II, 1; *I sogni*, 460b.

〔40〕 I. Kant, *Kritik der praktischen Vernunft* (1788); tr. it. *Critica della ragion pratica*, Parte I, Libro I, capitolo III: "Dei moventi della ragion pura pratica", Laterza, Roma-Bari 1955, pp. 91—93.

〔41〕 J.-P. Sartre, *Idee per una teoria delle emozioni*, cit., § 3, pp. 113—151.

〔42〕 S. Freud, *Jenseits des Lustprinzips* (1920); tr. it. *Al di là del principio di piacere*, in *Opere* (1967—1993), Bollati Boringhieri, Torino, vol. IX, p. 198.

〔43〕 M. Heidegger, *Was ist Metaphysik?* (1929); tr. it. *Che cos'è metafisica?*, in *Segnavia*, Adelphi, Milano 1987, p. 67.

〔44〕 V. E. Frankl, *Theorie und Therapie der Neurosen* (1956); tr. it. *Teoria e terapia delle nevrosi*, Morcelliana, Brescia 1978, p. 125.

〔45〕 S. Freud, *Über einige neurotische Mechanismen bei Eifersucht, Paranoia und Homosexualität* (1921); tr. it. *Alcuni meccanismi nevrotici nella ge-*

losia, paranoia e omosessualità, in *Opere*, cit., vol. IX, p. 367.

〔46〕 V. D'Urso, *Otello e la mela. Psicologia della gelosia e dell'invidia*, La Nuova Italia Scientifica, Roma 1995.

〔47〕 P. van Sommers, *Jealousy* (1988); tr. it. *La gelosia*, Laterza, RomaBari 1991.

〔48〕 Aristotele, *Etica nicomachea*, 1109a.

〔49〕 K. Jaspers, *Allgemeine Psychopathologie* (1913 − 1959); tr. it. *Psicopatologia generale*, Il Pensiero Scientifico, Roma 2000, p. 295

〔50〕 E. B. Titchener, *A Text-book of Psychology*, Macmillan, New York 1909.

〔51〕 J. G. Herder, *Vom Erkennen und Empfinden* (1778), in *Sämtliche Werke* (1877 − 1913), Suphan, Berlin, vol. VIII.

〔52〕 Novalis (Friedrich Leopold von Hardenberg), *Fragmente* (1795 − 1800); tr. it. *Frammenti*, Rizzoli, Milano 1976, e in particolare "Frammenti di psicologia", pp. 143 − 185, e "Frammenti di estetica", pp. 278 − 353.

〔53〕 Th. Lipps, *Ästhetik. Psychologie des Schönen und der Kunst*, Suphan, Hamburg 1903 − 1906.

〔54〕 K. Japers, *Psicopatologia generale*, cit., p. 330.

〔55〕 M. Scheler, *Wesen und Formen der Sympathie* (1923); tr. it. *Essenza e forme della simpatia*,

Città Nuova, Roma 1980, p. 14.

[56] Ivi, p. 69.

[57] G. H. Mead, *Mind, Self and Society* (1934); tr. it. *Mente, sé e società*, Giunti-Barbera, Firenze 1966, pp. 296—299.

[58] M. L. Hoffman, *Empathy and Moral Development* (2000); tr. it. *Empatia e sviluppo morale*, il Mulino, Bologna 2008.

[59] J. Strayer, *Affective and Cognitive Perspectives on Empathy*, in N. Eisenberg, J. Strayer (a cura di), *Empathy and its Development*, Cambridge University Press, New York 1987.

[60] I. Kant, *Metaphysik der Sitten* (1797); tr. it. *Metafisica dei costumi*, Bompiani, Milano 2006, § 23: "Dottrina delle virtù".

[61] R. Harré, *La costruzione sociale delle emozioni*, cit., p. 83.

[62] Omero, *Odissea*, Libro I, vv. 327—336.

[63] Ivi, Libro XVII, vv. 90—95.

[64] Platone, *Gorgia*, 493a.

[65] Omero, *Odissea*, Libro XXII, vv. 1—4.

[66] Ivi, Libro XXIV, v. 531.

[67] L. Lévy-Bruhl, *Les fonctions mentales dans les sociétés inférieures* (1910); tr. it. *Psiche e società primitive*, Newton Compton, Roma 1970, capitolo I: "Le rappresentazioni collettive nelle percezioni dei primitivi e il loro carattere mistico", pp. 59—95.

[68] J.-P. Sartre, *Idee per una teoria delle emo-*

zioni, cit., p. 133.

[69] Ivi, p. 133.

[70] Ivi, p. 137.

[71] Ivi, p. 138.

[72] Ivi, pp. 138—139.

[73] M. Heidegger, *Che cos'è metafisica?*, in *Segnavia*, cit., p. 68.

[74] M. Heidegger, *Sein und Zeit* (1927); tr. it. *Essere e tempo*, Utet, Torino 1978, § § 39—44, pp. 286—349.

[75] Aristotele, *Metafisica*, 982b.

[76] I. Kant, *Kritik der Urteilskraft* (1790); tr. it. *Critica del giudizio*, Laterza, Roma-Bari 1960, § 44.

[77] Th. Mann, *Buddenbrooks. Verfall einer Familie* (1901); tr. it. *I Buddenbrook. Decadenza di una famiglia*, Einaudi, Torino 2014.

[78] F. Dostoevskij, *Idiót* (1869); tr. it. *L'idiota*, Feltrinelli, Milano 1998.

[79] Omero, *Iliade*, Libro I, v. 1; *Odissea*, Libro I, v. 1.

[80] Omero, *Odissea*, Libro VIII, vv. 63—64.

[81] Cicerone, *De Divinatione*, I, 67.

[82] Euripide, *Baccanti*, vv. 299—300.

[83] Platone, *Fedro*, 245a.

[84] Ivi, 244a.

[85] M. Heidegger, *Wozu Dichter?* (1926), in *Holzwege* (1950); tr. it. *Perché i poeti?*, in *Sentieri*

interrotti, La Nuova Italia, Firenze 1968, p. 291.

〔86〕 Stendhal, *Rome, Naples et Florence, en 1817* (1817); tr. it. *Roma, Napoli e Firenze nel 1817*, Editori Riuniti, Milano 1943.

〔87〕 K. Jaspers, *Strindberg und Van Gogh* (1951); tr. it. *Genio e follia. Strindberg e Van Gogh*, Raffaello Cortina, Milano 2001, p. 120.

〔88〕 关于该问题更深入的讨论,可参见:U. Galimberti, *Psiche e techne. L'uomo nell'età della tecnica*, Feltrinelli, Milano 1999.

〔89〕 R. Musil, *Der Mann ohne Eigenschaften* (1930—1942); tr. it. *L'uomo senza qualità*, Einaudi, Torino 1972.

〔90〕 G. Sereny, *Into that Darkness* (1974); tr. it. *In quelle tenebre*, Adelphi, Milano 1994, Parte terza, capitolo VIII.

〔91〕 G. Anders, *Wir Eichmannsöhne* (1964); tr. it. *Noi figli di Eichmann*, Giuntina, Firenze 1995, pp. 29—32.

〔92〕 Ivi, p. 34.

〔93〕 *Ibidem*.

〔94〕 Ch. Lasch, *The Minimal Self* (1984); tr. it. *L'Io minimo*, Feltrinelli, Milano 1985, p. 24.

〔95〕 G. Anders, *Die Antiquiertheit des Menschen*, Band II: *Über die Zerstörung des Lebens im Zeitalter der dritten industriellen Revolution* (1980); tr. it. *L'uomo è antiquato*, Libro II: *Sulla distruzione della vita nell'epoca della terza rivoluzione industria-*

le, Bollati Boringhieri, Torino 2003, p. 146.

〔96〕 A. Russell Hochschild, *The Commercialization of Intimate Life. Notes from Home and Work* (2003); tr. it. *Per amore o per denaro. La commercializzazione della vita intima*, il Mulino, Bologna 2006.

〔97〕 F. W. Taylor, *The Principles of Scientific Management* (1911); tr. it. *L'organizzazione scientifica del lavoro*, Mondadori, Milano 1967.

〔98〕 A. Russell Hochschild, *Per amore o per denaro. La commercializzazione della vita intima*, cit., p. 152.

〔99〕 Ivi, p. 161.

〔100〕 M. Heidegger, *Essere e tempo*, cit., §§ 39—44, pp. 286—349.

〔101〕 G. Anders, *L'uomo è antiquato*, Libro II: *Sulla distruzione della vita nell'epoca della terza rivoluzione industriale*, cit., p. 248.

〔102〕 F. Nietzsche, *Also sprach Zarathustra. Ein Buch für Alle und Keinen* (1883—1885); tr. it. *Così parlò Zarathustra. Un libro per tutti e per nessuno*, in *Opere*, vol. VI, 1, Adelphi, Milano 1968, Prefazione, § 12, p. 13.

〔103〕 L. Di Gregorio, *Psicopatologia del cellulare. Dipendenza e possesso del telefonino*, Franco Angeli, Milano 2003.

〔104〕 G. Nardone, F. Cagnoni, *Perversioni in rete. Le psicopatologie da internet e il loro trattamen-*

to, Ponte alle Grazie, Firenze 2002.

〔105〕 L. Di Gregorio, *Psicopatologia del cellulare*, cit., p. 173.

〔106〕 G. Nardone, F. Cagnoni, *Perversioni in rete. Le psicopatologie da internet e il loro trattamento*, cit., pp. 55—57.

〔107〕 Ivi, pp. 67—70.

〔108〕 D. Lupton, *The Embodied Computer/User*, in M. Featherstone,

〔R. Burrows (a cura di), *Cyberspace, Cyberbodies, Cyberpunk*, Routledge, London 1996, p. 100.

〔109〕 Platone, *Fedone*, 66b—67a.

〔110〕 E. Illouz, *Gefühle in Zeiten des Kapitalismus* (2004); tr. it. *Intimità fredde. Le emozioni nella società dei consumi*, Feltrinelli, Milano 2007, p. 117.

〔111〕 Ivi, pp. 156—157.

〔112〕 E. Goffman, *Interaction Ritual* (1967); tr. it. *Modelli di interazione*, il Mulino, Bologna 1971.

〔113〕 G. Anders, *Die Antiquiertheit des Menschen*, Band I: *Über die Seele im Zeitalter der zweiten industriellen Revolution* (1956); tr. it. *L'uomo è antiquato*, Libro I: *Considerazioni sull'anima nell'epoca della seconda rivoluzione industriale*, Bollati Boringhieri, Torino 2003, p. 38.

〔114〕 Ivi, p. 39.

〔115〕 F. Colombo, *Confucio nel computer. Me-*

moria accidentale del futuro, Rizzoli, Milano 1995.

〔116〕G. Anders, *L'uomo è antiquato*, Libro II: *Sulla distruzione della vita nell'epoca della terza rivoluzione industriale*, cit., p.1.

〔117〕G. Anders, *L'uomo è antiquato*, Libro I: *Considerazioni sull'anima nell'epoca della seconda rivoluzione industriale*, cit., p.121.

〔118〕M. Heidegger, *Gelassenheit* (1959); tr. it. *L'abbandono*, il melangolo, Genova 1983, p.36.

〔119〕G. Anders, *Noi figli di Eichmann*, cit., p.39.

〔120〕S. Freud, *Al di là del principio di piacere*, in *Opere*, cit., vol. IX.

〔121〕R. Simone, *Postfazione* a C. Stoll, *Confessioni di un eretico hightech*, Garzanti, Milano 2001, p.180.

〔122〕G. Sartori, *Homo videns. Televisione e post-pensiero*, Laterza, Roma-Bari 1998.

〔123〕R. Simone, *Persi nella rete*, Garzanti, Milano 2012.

〔124〕C. Stoll, *High-Tech Heretic* (1999); tr. it. *Confessioni di un eretico high-tech*, cit., pp.6—8.

〔125〕Ivi, p.66.

〔126〕P. Odifreddi, *Idee per diventare matematico*, Zanichelli, Bologna 2005.

〔127〕H. Gardner, *Frames of Mind. The Theory of Multiple Intelligences* (1973—1985); tr. it. *Formae mentis. Saggio sulla pluralità dell'intelligenza*,

Feltrinelli, Milano 1987. Id., *Multiple Intelligences. The Theory in Practice* (1993); tr. it. *L'educazione delle intelligenze multiple. Dalla teoria alla prassi pedagogica*, Anabasi, Milano 1994. Id., *Creating Minds* (1993); tr. it. *Intelligenze creative*, Feltrinelli, Milano 1994.

[128] A. N. Whitehead, *Science and the Modern World* (1948); tr. it. *La scienza e il mondo moderno*, Bollati Boringhieri, Torino 1979, p. 38.

[129] Eraclito, *Frammento* B 54, in Diels-Kranz, *Die Fragmente der Vorsokratiker* (1966); tr. it. *I presocratici. Testimonianze e frammenti*, Laterza, Roma-Bari 1983.

[130] Platone, *Alcibiade maggiore*, 133a.

[131] U. Galimberti, *Psiche e techne. L'uomo nell'età della tecnica*, cit., capitolo 18: "La carenza istintuale".

[132] I. Kant, *Metafisica dei costumi*, cit., § 23: "Dottrina delle virtù".

[133] Eschilo, *Agamennone*, vv. 177—178.

[134] U. Galimberti, con I. Merlini, M. L. Petruccelli, *Perché? 100 storie di filosofi per ragazzi curiosi*, Feltrinelli, Milano 2019.

[135] G. Vespucci, *Lettera a "D – La Repubblica delle donne"*, 16 gennaio 2021.

参考资料

Anders G. , *Die Antiquiertheit des Menschen*, Band I:
*Über die Seele im Zeitalter der zweiten industri-
ellen Revolution* (1956); tr. it. *L'uomo è antiqua-
to*, Libro I: *Considerazioni sull'anima nell'epoca
della seconda rivoluzione industriale*, Bollati Bor-
inghieri, Torino 2003.

—, *Die Antiquiertheit des Menschen*, Band II: *Über
die Zerstörung des Lebens im Zeitalter der dritten
industriellen Revolution* (1980); tr. it. *L'uomo è
antiquato*, Libro II: *Sulla distruzione della vita
nell'epoca della terza rivoluzione industriale*,
Bollati Boringhieri, Torino 2003.

—, *Wir Eichmannsöhne* (1964); tr. it. *Noi figli di
Eichmann*, Giuntina, Firenze 1995.

Angell J. R. , *Psychology*, Holt, New York 1904.

Aristotele, *Categorie*, *Metafisica*, *Etica nicomachea*,
Retorica, *Poetica*, *I sogni*, in *Opere*, Laterza,

Roma-Bari 1973.

Arnold M. B. , *Emotion and Personality*, Columbia U-niversity Press, New York 1960.

Ax A. F. , *The Physiological Differentiation between Fear and Anger in Humans*, in "Psychosomatic Medicine", n. 15, 1953.

Borgna E. , *L'arcipelago delle emozioni*, Feltrinelli, Milano 2001.

—, *Le intermittenze del cuore*, Feltrinelli, Milano 2003.

—, *Le emozioni ferite*, Feltrinelli, Milano 2009.

Callieri B. , *Lo spazio vissuto* (1977), in "Psyche", nn. 3—4, 1989.

Cannon W. B. , *The Wisdom of the Body* (1932); tr. it. *La saggezza del corpo*, Bompiani, Milano 1956.

Cicerone M. T. , *De Divinatione*, Garzanti, Milano 2006.

Colombo F. , *Confucio nel computer. Memoria accidentale del futuro*, Rizzoli, Milano 1995.

Damasio A. R. , *The Feeling of What Happens. Body and Emotion in the Making of Consciousness* (1999); tr. it. *Emozione e coscienza*, Adelphi, Milano 2000.

Darwin Ch. , *On the Origin of Species by Means of Natural Selection, or the Preservation of Favoured Races in the Struggle for Life* (1859); tr. it. *L'origine delle specie. Selezione naturale e lotta per l'esistenza*, Bollati Boringhieri, Torino 1967.

—, *The Expression of the Emotions in Man and Animals* (1872); tr. it. *L'espressione delle emozioni nell'uomo e negli animali*, Bollati Boringhieri, Torino 1982.

Descartes R., *Meditationes de prima philosophia* (1641); tr. it. *Meditazioni metafisiche sulla filosofia prima*, in *Opere filosofiche*, Laterza, Roma-Bari 1986, vol. II.

Dewey J., *The Theory of Emotion*, in "Psychological Review", 1895.

Di Gregorio L., *Psicopatologia del cellulare. Dipendenza e possesso del telefonino*, Franco Angeli, Milano 2003.

Dostoevskij F., *Idiót* (1869); tr. it. *L'idiota*, Feltrinelli, Milano 1998.

D'Urso V., *Otello e la mela. Psicologia della gelosia e dell'invidia*, La Nuova Italia Scientifica, Roma 1995.

Eraclito, *Frammenti*, in Diels-Kranz, *Die Fragmente der Vorsokratiker* (1966); tr. it. *I presocratici. Testimonianze e frammenti*, Laterza, Roma-Bari 1983.

Eschilo, *Agamennone*, in *Tragedie e Frammenti*, Utet, Torino 1987.

Euripide, *Baccanti*, in *Tragedie*, Utet, Torino 2001, vol. III. Frankl V. E., *Theorie und Therapie der Neurosen* (1956); tr. it. *Teoria e terapia delle nevrosi*, Morcelliana, Brescia 1978.

Freud S. , *Jenseits des Lustprinzips* (1920); tr. it. *Al di là del principio di piacere*, in *Opere* (1967—1993), Bollati Boringhieri, Torino, vol. IX.

—, *Über einige neurotische Mechanismen bei Eifersucht, Paranoia und Homosexualität* (1921); tr. it. *Alcuni meccanismi nevrotici nella gelosia, paranoia e omosessualità*, in *Opere*, cit. , vol. IX.

Galimberti U. , *Psiche e techne. L'uomo nell'età della tecnica*, Feltrinelli, Milano 1999.

—, con I. Merlini, M. L. Petruccelli, *Perché? 100 storie di filosofi per ragazzi curiosi*, Feltrinelli, Milano 2019.

Gardner H. , *Frames of Mind. The Theory of Multiple Intelligences* (1973—1985); tr. it. *Formae mentis. Saggio sulla pluralità dell'intelligenza*, Feltrinelli, Milano 1987.

—, *Creating Minds* (1993); tr. it. *Intelligenze creative*, Feltrinelli, Milano 1994.

—, *Multiple Intelligences. The Theory in Practice* (1993); tr. it. *L'educazione delle intelligenze multiple. Dalla teoria alla prassi pedagogica*, Anabasi, Milano 1994.

Goffman E. , *Interaction Ritual* (1967); tr. it. *Modelli di interazione*, il Mulino, Bologna 1971.

Goleman D. , *Emotional Intelligence* (1995); tr. it. *Intelligenza emotiva*, Rizzoli, Milano 1996.

Harré R. , *The Social Construction of Emotions*

(1986); tr. it. *La costruzione sociale delle emozioni*, Giuffrè, Milano 1992.

Hartmann H. , *Ich-Psychologie und Anpassungsproblem* (1939); tr. it. *Psicologia dell'Io e problema dell'adattamento*, Bollati Boringhieri, Torino 1966.

Heidegger M. , *Wozu Dichter?* (1926), in *Holzwege* (1950); tr. it. *Perché i poeti?*, in *Sentieri interrotti*, La Nuova Italia, Firenze 1968.

—, *Sein und Zeit* (1927); tr. it. *Essere e tempo*, Utet, Torino 1978.

—, *Was ist Metaphysik?* (1929); tr. it. *Che cos'è metafisica?*, in *Segnavia*, Adelphi, Milano 1987.

—, *Gelassenheit* (1959); tr. it. *L'abbandono*, il melangolo, Genova 1983.

Herder J.G. , *Vom Erkennen und Empfinden* (1778), in *Sämtliche Werke* (1877—1913), Suphan, Berlin, vol. VIII.

Hoffman M. L. , *Empathy and Moral Development* (2000); tr. it. *Empatia e sviluppo morale*, il Mulino, Bologna 2008.

Husserl E. , *Cartesianische Meditationen und Pariser Vorträge* (1931); tr. it. *Meditazioni cartesiane*, Bompiani, Milano 1960.

Illouz E. , *Gefühle in Zeiten des Kapitalismus* (2004); tr. it. *Intimità fredde. Le emozioni nella società dei consumi*, Feltrinelli, Milano 2007.

Izard C. E. , *Human Emotions*, Plenum Press, New

York 1977.

James W. , *What is an Emotion?* , in "Mind" , n. IX, 1884.

Janet P. , *De l'angoisse à l'extase* , Alcan, Paris 1926.

Jaspers K. , *Allgemeine Psychopathologie* (1913— 1959) ; tr. it. *Psicopatologia generale* , Il Pensiero Scientifico, Roma 2000.

—, *Strindberg und Van Gogh* (1951) ; tr. it. *Genio e follia. Strindberg e Van Gogh* , Raffaello Cortina, Milano 2001.

Kant I. , *Kritik der praktischen Vernunft* (1788) ; tr. it. *Critica della ragion pratica* , Laterza, Roma-Bari 1955.

—, *Kritik der Urteilskraft* (1790) ; tr. it. *Critica del giudizio* , Laterza, Roma-Bari 1960.

—, *Metaphysik der Sitten* (1797) ; tr. it. *Metafisica dei costumi* , Bompiani, Milano 2006.

Koffka K. , *Principles of Gestalt Psychology* (1935) ; tr. it. *Principi di psicologia della forma* , Bollati Boringhieri, Torino 1970, nuova edizione riveduta 2006.

Lange C. G. , *Les émotions* , Presses Universitaires de France, Paris 1885.

Lasch Ch. , *The Minimal Self* (1984) ; tr. it. *L'Io minimo* , Feltrinelli, Milano 1985.

LeDoux J. , *The Emotional Brain. The Mysterious Underpinnings of Emotional Life* (1996) ; tr. it. *Il cervello emotivo. Alle origini delle emozioni* , Baldini e Castoldi, Milano 1998.

Leeper R. W. , *A Motivational Theory of Emotion to Replace "Emotion as Disorganized Response"*, in "Psychological Review", n. 55, 1948.

Lévy-Bruhl L. , *Les fonctions mentales dans les sociétés inférieures* (1910); tr. it. *Psiche e società primitive*, Newton Compton, Roma 1970.

Lindsley D. B. , *Emotion*, in S. S. Stevens (a cura di), *Handbook of Experimental Psychology*, Wiley, New York 1951.

Lipps Th. , *Ästhetik. Psychologie des Schönen und der Kunst*, Suphan, Hamburg 1903—1906.

Lupton D. , *The Embodied Computer/User*, in M. Featherstone, R. Burrows (a cura di), *Cyberspace, Cyberbodies, Cyberpunk*, Routledge, London 1996.

MacLean P. D. , *Psychosomatic Disease and the "Visceral Brain"*, in "Psychosomatic Medicine", n. 11, 1949.

—, *The Triune Brain, Emotion and Scientific Bias*, in F. O. Schmitt (a cura di), *The Neurosciences: Second Study Program*, Rockefeller University Press, New York 1970, pp. 336 - 348.

Mann Th. , *Buddenbrooks. Verfall einer Familie* (1901); tr. it. *I Buddenbrook. Decadenza di una famiglia*, Einaudi, Torino 2014.

Matte Blanco I. , *The Unconscious as Infinite Sets. An Essay in Bi-logic* (1975); tr. it. *L'inconscio come insiemi infiniti. Saggio sulla bi-logica*, Einaudi, Torino 1981.

McDougall W., *An Introduction to Social Psychology*, Methuen, London 1908.

Mead G. H., *Mind, Self and Society* (1934); tr. it. *Mente, sé e società*, Giunti-Barbera, Firenze 1966.

Merleau-Ponty M., *Phénoménologie de la perception* (1945); tr. it. *Fenomenologia della percezione*, il Saggiatore, Milano 1972.

Minkowski E., *Le temps vécu* (1968); tr. it. *Il tempo vissuto*, Einaudi, Torino 1971.

Montaigne M. de, *Essais* (1580—1588); tr. it. *Saggi*, Bompiani, Milano 2012.

Musil R., *Der Mann ohne Eigenschaften* (1930—1942); tr. it. *L'uomo senza qualità*, Einaudi, Torino 1972.

Nardone G., Cagnoni F., *Perversioni in rete. Le psicopatologie da internet e il loro trattamento*, Ponte alle Grazie, Firenze 2002.

Nietzsche F., *Also sprach Zarathustra. Ein Buch für Alle und Keinen* (1883—1885); tr. it. *Così parlò Zarathustra. Un libro per tutti e per nessuno*, in *Opere*, vol. VI, 1, Adelphi, Milano 1968.

Novalis (Friedrich Leopold von Hardenberg), *Fragmente* (1795—1800); tr. it. *Frammenti*, Rizzoli, Milano 1976.

Odifreddi P., *Idee per diventare matematico*, Zanichelli, Bologna 2005.

Omero, *Iliade*, *Odissea*, Utet, Torino 1998—2001.

Osgood Ch., *Method and Theory in Experimental Psychology*, Oxford University Press, New York 1956.

Panksepp J., *Affective Neuroscience. The Foundation of Human and Animal Emotions*, Oxford University Press, New York 1998.

Platone, *Fedone*, *Fedro*, *Alcibiade maggiore*, *Gorgia*, in *Tutti gli scritti*, Rusconi, Milano 1991.

Plutchik R., *The Emotions. Facts, Theories and a New Model*, Random House, New York 1962.

—, *Emotion: A Psychoevolutionary Synthesis*, Harper & Row, New York 1980.

Pribram K. H., *The Biology of Emotions and Other Feelings*, in R. Plutchik, H. Kellerman (a cura di), *Emotion: Theory, Research and Experience*, Academic Press, New York 1980.

Russell Hochschild A., *The Commercialization of Intimate Life. Notes from Home and Work* (2003); tr. it. *Per amore o per denaro. La commercializzazione della vita intima*, il Mulino, Bologna 2006.

Sartori G., *Homo videns. Televisione e post-pensiero*, Laterza, Roma-Bari 1998.

Sartre J.-P., *Esquisse d'une théorie des émotions* (1939); tr. it. *Idee per una teoria delle emozioni*, Bompiani, Milano 1962.

—, *L'être et le néant* (1943); tr. it. *L'essere e il nulla*, il Saggiatore, Milano 1968.

Scheler M., *Wesen und Formen der Sympathie* (1923); tr. it. *Essenza e forme della simpatia*, Città Nuova, Roma 1980.

Sereny G., *Into that Darkness* (1974); tr. it. *In quelle tenebre*, Adelphi, Milano 1994.

Siegel D. J., *The Developing Mind* (Second Edition 2012); tr. it. *La mente relazionale. Neurobiologia dell'esperienza interpersonale*, Raffaello Cortina, Milano 2013.

Simone R., *Postfazione* a C. Stoll, *Confessioni di un eretico hightech*, Garzanti, Milano 2001.

—, *Persi nella rete*, Garzanti, Milano 2012.

Sommers P. van, *Jealousy* (1988); tr. it. *La gelosia*, Laterza, Roma-Bari 1991.

Stendhal (Marie-Henri Beyle), *Rome, Naples et Florence, en 1817* (1817); tr. it. *Roma, Napoli e Firenze nel 1817*, Editori Riuniti, Roma 1943.

Stoll C., *High-Tech Heretic* (1999); tr. it. *Confessioni di un eretico high-tech. Perché i computer nelle scuole non servono e altre considerazioni sulle nuove tecnologie*, Garzanti, Milano 2001.

Strayer J., *Affective and Cognitive Perspectives on Empathy*, in N. Eisenberg, J. Strayer (a cura di), *Empathy and its Development*, Cambridge University Press, New York 1987.

Taylor F. W., *The Principles of Scientific Manage-*

ment (1911); tr. it. *L'organizzazione scientifica del lavoro*, Mondadori, Milano 1967.

Tisseron S., *Vérités et mensonges de nos émotions* (2005); tr. it. *Verità e menzogna delle emozioni*, Ponte alle Grazie, Milano 2006.

Titchener E. B., *A Text-book of Psychology*, Macmillan, New York 1909.

Vespucci G., *Lettera a "D – La Repubblica delle donne"*, 16 gennaio 2021.

Watson J. B., Rayner R., *Conditioned Emotional Reactions*, in "Journal of Experimental Psychology", n. 3, 1920.

Whitehead A. N., *Science and the Modern World* (1948); tr. it. *La scienza e il mondo moderno*, Bollati Boringhieri, Torino 1979.

译名对照及索引

图书在版编目（CIP）数据

情绪之书 /（意）翁贝托·加林伯蒂著；李欣怡译.
北京：北京联合出版公司，2025. 10（2025.11 重印）. --
ISBN 978-7-5596-8617-6

Ⅰ. B842.6-49

中国国家版本馆 CIP 数据核字第 2025RH9930 号

....

IL LIBRO DELLE EMOZIONI
by Umberto Galimberti
© Giangiacomo Feltrinelli Editore Milano
First published as Il Libro delle Emozioni in September 2021 by
Giangiacomo Feltrinelli Editore Milano.
This simplified Chinese edition © 2025 Neo-Cogito Culture Ex-
change Beijing Ltd.
is published in arrangement with Niu Niu Culture Ltd.

北京市版权局著作权合同登记　图字:01-2025-3355

情绪之书

作　　者：[意]翁贝托·加林伯蒂
译　　者：李欣怡
出 品 人：赵红仕
出版统筹：杨全强　杨芳州
责任编辑：李　伟
特约编辑：芳　州
装帧设计：SOBERswing

....

北京联合出版公司出版
（北京市西城区德外大街 83 号楼 9 层　100088）
北京联合天畅文化传播公司发行
北京启航东方印刷有限公司印刷　新华书店经销
字数 110 千字　889 毫米×1194 毫米　1/32　7.875 印张
2025 年 10 月第 1 版　2025 年 11 月第 2 次印刷
ISBN 978-7-5596-8617-6
定价:58.00 元

....